Ulrich Giesekus, Sandra Schmid, Alexander Fix

Bevor es kracht

Kids gegen Gewalt stark machen

Ulrich Giesekus, Sandra Schmid, Alexander Fix

Bevor es kracht

Kids gegen Gewalt stark machen

SCM R.Brockhaus

SCM

Stiftung Christliche Medien

2. Auflage 2010
© 2008 SCM R.Brockhaus im SCM-Verlag GmbH & Co. KG, Witten
Umschlag: Marion Lüchtenborg, Oldenburg
Satz: Christoph Möller, Hattingen
Druck: CPI – Ebner & Spiegel, Ulm
ISBN 978-3-417-26279-7
Bestell-Nr. 226.279

INHALT

Kapitel 1

Gewalt: Versuchung und Gefahr

Stellen Sie sich einmal vor, Ihr Leben spiele sich in einem schlechten Science-Fiction-Film ab: Gesetze gelten nicht mehr, die Regierung ist machtlos, die Polizei versteckt sich in ihren Bunkern. Herumstreunende Banden vagabundieren durch die Straßen, nehmen sich, was und wen sie wollen, eingeschüchterte Bürger leben hinter möglichst hohen Mauern und bei verschlossenen Rollläden.

Wie häufig würden Sie ins Kino gehen, ein Konzert besuchen oder einen Kurs in der VHS buchen? Eine gepanzerte Limousine stünde Ihnen nicht zur Verfügung, auf dem Heimweg würden Sie sich möglichst unsichtbar an den Mauern entlangdrücken und versuchen, so wenig Aufmerksamkeit wie möglich zu erregen. Am besten wäre es, Sie wären unsichtbar.

Wahrscheinlich würden Sie auf den Kino-, Konzert- oder VHS-Besuch gänzlich verzichten. Aber selbst wenn Sie hingehen würden: Was bekämen Sie wohl mit unter diesen Umständen? Wie andächtig würden Sie den stillen Passagen Ihrer Lieblingsmusik lauschen? Wie aufmerksam den Film verfolgen? Und wie konzentriert eine Vorlesung hören?

Natürlich wären Sie mit den Gedanken ganz woanders. Die Frage, wie und ob Sie heute sicher nach Hause kommen, würde Sie ständig ablenken. Genuss wäre unmöglich, Konzentration und Lernen gestört, und wahrscheinlich hätten Sie vor lauter Anspannung Kopf- oder Bauchweh.

Gut, dass es nur ein Film ist. Doch für immer mehr Kinder ist dieser schlechte Film Alltag – jeden Tag. „Der Unterricht ist okay – es ist die Pause und der Schulweg, was ich hasse": Lisa ist neun und geht in die dritte Klasse. Jeden Tag erlebt sie auf dem Schulhof und dem Schulweg einen „rechtsfreien Raum": Es wird beleidigt, es werden Sachen zerstört, es wird geprügelt. Manche Kinder schließen sich zu „Banden" zusammen, zuerst, um sich zu schützen, später, um im Nachbarschaftskrieg eine Gewinnchance zu haben.

Erwachsene sehen weg, die Aufsicht auf dem Schulhof hat ein

überforderter Lehrer. Und Lisa kann natürlich bei Weitem nicht so gut lernen, wie es ihrer Begabung entspricht. Die Schule macht keine Freude, selbst in den Fächern, für die sie sich interessiert; an das Kopf- und Bauchweh hat sie sich schon gewöhnt.

Dass bei diesem Klima im Klassenzimmer bei noch so guten pädagogischen Konzepten nicht viel Erfolg möglich ist, dürfte eigentlich klar sein. Gewalt macht unglücklich und depressiv, unkonzentriert und leistungsschwach, unwohl und krank. Und aggressiv. Gewalt ist die Brutstätte für Gewalt.

Ein Klima der Brutalität?

Bestürzt und tief erschrocken verfolgt eine Nation an den Fernsehgeräten an den Folgetagen des 26. April 2002 die Berichterstattung über die Ermordung von 16 Personen und den anschließenden Selbstmord des Täters, eines Erfurter Gymnasiasten. Was bisher nur aus US-amerikanischen Nachrichten bekannt war, nämlich dass ein Schüler mit unsäglicher Gewalt und völlig ohne jegliche Rücksicht auf Verluste, das eigene Leben nicht ausgenommen, seine Wut an Lehrern, Lehrerinnen und Mitschülern auslässt, kann offensichtlich auch hier passieren. In unserer Nachbarschaft, an den Schulen unserer Kinder.

Wie kommt es zu dieser Art von Gewalt? Was sind die Hintergründe? Was müssen Menschen, die in der Pädagogik, in der Familie, in der Erziehung tätig sind, tun, um solche Gewaltausbrüche zu verhindern? Die Presse, das Fernsehen, sogar der Bundeskanzler äußern sich. Wochenlang sind Leserbriefe in den Zeitungen zu lesen, die das Für und Wider von Gewaltvideos, eine bessere Lehrerausbildung oder die Notwendigkeit von familientherapeutischen Interventionen diskutieren. Recht bald wird deutlich, dass jeder der Gesprächsteilnehmer anscheinend nichts Besseres zu tun hat, als seine schon vorher gefassten Meinungen weiter zu vertreten. Wer die schwierige Lage der Familien und ihre Herausforderung in der Erziehung immer schon problematisch fand, findet sie nun noch problematischer. Wer vorher beklagt hat, dass die Werte in unserer Gesellschaft verfallen, beklagt dies nun umso heftiger. Wer vorher das Fehlen von sozialen Einrichtungen, Jugendclubs, Schülerhilfsprogrammen und so weiter bemängelt hat, tut dies nun umso lauter. Und Christen, die diese Gesellschaft schon vor dem 26. April 2002 selbstgerecht, überheblich und kopfschüttelnd betrachtet haben, schütteln den Kopf noch ein wenig heftiger und haben nun Grund, sich noch überlegener zu fühlen.

Ist das wirklich alles? Wollen wir in unserer Gesellschaft auf diese und ähnliche Katastrophen wirklich nur reagieren, indem wir mit dem Finger auf andere zeigen und dabei feststellen, wir hätten es ja schon immer gewusst? Oder – vielleicht noch schlimmer – bleibt uns gar nichts anderes übrig, selbst wenn wir wollten?

Natürlich fällt uns sofort auf, dass Gewalt in unserer Gesellschaft, in den Schulen, in den Kinderzimmern, in der Jungschar wie auch in christlichen Freizeitheimen kein wirklich neues Thema ist. Nicht viel hat sich gewandelt seit Kain und Abel – den Brüdern, deren Streit den biblischen Berichten folgend zum ersten Mord der Menschheitsgeschichte führte: Aus Rivalitätsgefühlen und Wut wurde der andere vernichtet.

Ein Blick in die Medien genügt, und wir wissen, dass Gewalt in unserem Alltag und mehr noch in dem Alltag unserer Kinder eine erschreckende Rolle spielt. Dabei geht es zum Glück nur selten um die viel beachtete Tragik eines aus der Bahn geratenen Lebens, welches in einem Attentat gipfelt, sondern meist um die ganz alltägliche Gewalt, die unsere Kinder in der Schule, auf dem Heimweg und im Kinderzimmer erleben. Dabei sind Kinder gleichzeitig Täter und Opfer – manche von außen gesehen scheinbar mehr das eine, andere scheinbar mehr das andere, aber in der Regel beides, nach dem Radfahrerprinzip: nach oben buckeln, nach unten treten.

Uns wird dabei deutlich, dass auch wir als Eltern, Erzieherinnen und Erzieher, Jugendleiterinnen und -leiter dieses Problem nicht nur unbeteiligt beobachten, sondern dass auch wir Opfer und Täter von Gewalt sind.

Was ist Gewalt?

Wer bei dem Wort Gewalt zuallererst an „Kettensägenmassaker", Amokläufe oder Kriege (in der Regel in fernen Ländern) denkt, hat schon den ersten Schritt dazu getan, sich an ihr zu beteiligen. Indem wir die eigene Opfer- und Täterrolle weit wegschieben und aus Gewalt ein Thema für Presse, Funk und Fernsehen machen, nehmen wir uns selbst heraus. Das hat Tradition: „Soll ich meines Bruders Hüter sein?" – Hat Kain wirklich nichts Besseres zu tun, als die Verantwortung für den Mord an seinem Bruder Abel weit von sich zu schieben?

Wenn wir uns selber und unseren Kindern helfen wollen, Gewalt zu überwinden, gewaltlose Auseinandersetzung zu lernen und konstruktive Wege zu finden, mit Wut, Ärger und Konflikten umzugehen, dann müssen wir in unserem kleinen Umkreis anfangen. Unsere Welt soll sich verändern, nicht die Welt an sich. Es ist relativ leicht, etwas oder jemanden zu finden, dem man die Schuld für die Gewalt in unserer Gesellschaft in die Schuhe schieben kann. Es ist jedoch relativ schwierig, Gewalt tatsächlich als ein Phänomen zu verstehen, welches in unseren Familien und in unseren Gemeinden seinen Ursprung hat. Und wer genauer hinsieht, stellt schnell fest: Die einfachen Antworten funktionieren dann nicht mehr. Pauschale Rezepte nach dem Vorbild der Leserbrief- und Stammtischdiskussionen stellen sich relativ schnell als ideologischer Blödsinn heraus, der höchstens dazu dient, die eigenen Hände in Unschuld zu waschen.

Während also einige das Problem der Gewalt in ihrem eigenen Umfeld so bewältigen, dass sie es nur in der „Welt da draußen" wahrnehmen und kritisieren, gehen andere damit um, indem sie resignieren und frustriert feststellen, dass ein Leben ohne Gewalt nun mal nicht möglich sei. Unbestritten: Solange wir in einer gefallenen Welt leben, wird sich die Geschichte von Kain und Abel immer wiederholen. Die Visionen des Friedensreiches, in dem ein Löwe und eine Kuh friedlich nebeneinander grasen, ist die Vision für die neue Welt, die Gott eines Tages gestalten wird (s. Jesaja 10). Aber: Sie ist nicht nur Gottes Vision für eine zukünftige Welt, sondern war von eh und je seine Absicht auch für unsere jetzige Welt.

Als ein Mensch, der ein Buch wie dieses in die Hand nimmt, gehören Sie vielleicht jedoch zu einer dritten Kategorie von Menschen, die nicht hilflos resignieren wollen oder sich darauf beschränken, ärgerliche Vorwürfe zu machen, sondern die aus ihrer eigenen Betroffenheit Schlüsse ziehen und etwas ändern wollen. Dazu möchte dieses Buch einladen. Allerdings enthält es keine Rezepte oder einfache Antworten, die für jeden gelten.

Gewalt ist, wie alle echten Probleme, mit denen wir zu tun haben, kein monokausales Phänomen. Das heißt: Es hat keinen Sinn, eine Ursache zu suchen. Wenn man das Phänomen Gewalt verstehen will, muss man die Ursachenbündel finden, die Wirkungen erzeugen, wobei diese Wirkungen wiederum zu Ursachen werden. Gewalt ist kein „lineares" Phänomen (weil A, deshalb B), sondern sie wirkt und entsteht „zirkulär": Gewalt erzeugt Gewalt. Es macht daher auch wenig Sinn, in der Auseinandersetzung mit Gewaltursachen zwischen Tätern und Opfern scharf und durchgängig zu unterscheiden. Opfer werden in der Regel zu Tätern. Täter waren in der Regel Opfer. Der Kreislauf der Gewalt wird in unserem familiären Mikrokosmos deutlich, wo sich immer wieder zeigt, dass gerade die Eltern, die als Kinder unter der Gewalt ihrer Eltern oder anderer Erzieher gelitten haben, wiederum gewalttätig sind und auf Gewalt als legitimem Erziehungsmittel beharren. Auch im Makrokosmos von Politik und Weltgeschehen zeigt sich, dass die Verlierer von gestern diejenigen sind, die die Kriege von heute anzetteln. Die Attentate auf das World Trade Center und das Pentagon am 11. September 2001 mögen von einer relativ kleinen Gruppe irregeleiteter Krimineller zu verantworten sein – unbestritten ist jedoch, dass diese brutalen Terrorakte von vielen Menschen, die sich als Opfer ebenjener Institutionen (der Welthandelsmacht des Westens sowie seiner militärischen Überlegenheit) erleben, mit Freudenfeiern beantwortet wurden.

Es ist also ein Merkmal der Gewalt, dass sie eskaliert. Und es wird auch in unserer Welt nicht anders sein, als dass die Kriege von heute bei den Verlierern Brutstätten des Hasses erzeugen, die den Hintergrund für die Kriege von morgen abgeben.

Gewalt schaukelt sich immer weiter auf. Der alte Satz „Wehret den Anfängen" ist uneingeschränkt gültig, denn eine einmal begonnene Gewaltspirale aufzuhalten, erfordert sehr viel mehr Energie, als eine beginnende Auseinandersetzung zu schlichten. Das gilt nicht nur auf der Bühne der Weltpolitik, sondern auch in allen anderen Bereichen, egal ob Familie, Schule oder Gemeinde.

Ich möchte daher Gewalt folgendermaßen definieren: Gewalt ist immer dann vorhanden, wenn eine Seite, die momentan stärker ist, einer anderen Seite, die momentan schwächer ist, seelischen oder körperlichen Schmerz zufügt. Gewalt beginnt in der Regel verbal. Worte können Gewalthandlungen sein, egal ob es sich um Beleidigungen, Beschimpfungen oder Bedrohungen handelt. Sie erreichen auch in der Regel das Ziel, das sie erreichen sollen: Verängstigung, Einschüchterung und – zumindest vordergründig – Unterordnung. Doch auch langfristig erreichen sie, in der Regel unbedacht, das Ziel, welches unweigerlich mit angesteuert wird: Rachegelüste, die Kompensation von Minderwertigkeitsgefühlen durch die Unterdrückung anderer wiederum Schwächerer und einen gestärkten Willen, die Seiten zu wechseln: also von der Opfer- auf die Täterseite zu kommen.

Gewalt mit Worten

Verbale Gewalt kann genauso krank machend sein wie körperliche Gewalt, und weil sie oft nicht als solche erkannt wird, hat sie manchmal noch einen viel tiefgreifenderen Einfluss auf die seelische Entwicklung junger Menschen.

Nehmen wir z.B. den 12-jährigen Emre. Seine Großeltern waren als Gastarbeiter aus der Türkei nach Deutschland gekommen. Seine beiden Eltern sind bereits in Deutschland geboren. Als Inhaber eines kleineren Restaurants sind sie zwar sehr beschäftigt, verbringen aber sehr viel Zeit mit ihren Kindern, die sich nach der Schule in der Gaststube oder in der Küche aufhalten, wenn sie nicht draußen spielen oder mit Freunden durch die Stadt ziehen. Zu Hause ist Emre ein unproblematisches Kind, das die Gäste im Restaurant seiner Eltern freundlich behandelt, gerne auch mal den Kellner spielt oder in der Küche mithilft.

In der Schule ergibt sich dagegen ein ganz anderes Bild. Emre prügelt sich häufig mit anderen Kindern. Er kommt mit kaum jemandem richtig gut klar und ist kürzlich wegen Sachbeschädigung bei der Polizei angezeigt worden, nachdem er die Fahrradreifen einiger Mitschüler mit seinem Taschenmesser „behandelt" hatte. In der Erziehungsberatung, die die Eltern daraufhin aufsuchten, erzählte er unter anderem, dass es bereits seit der Einschulung vor sechs Jahren in der

Klasse Mitschüler gab, die Emre immer wieder wegen seiner türkischen Herkunft hänselten. Einige Mitschüler nannten ihn Ali, was auch von den Lehrern nicht als beleidigend empfunden wurde, was aber Emre (zu Recht) als einen Versuch empfand, ihn lächerlich zu machen. Die Imitation eines ausländischen Akzentes (den Emre gar nicht hat) sowie „Türkenwitze", die in seiner Gegenwart erzählt wurden, empfand er als verächtlich, konnte sich jedoch nicht dagegen wehren, zumindest nicht mit Erfolg. Scheinbar nahm niemand wahr, dass die ständigen Spitzen und das Ausgelachtwerden in ihrer Summe eine Form von verbaler Gewalt darstellten, die in ihrer Wirkung nach einigen Jahren bei Emre nichts anderes erzeugten als den Wunsch, „es denen mal so richtig zu zeigen". Das eigentlich Schlimme an dieser Form von verbaler Gewalt war, dass Emre von niemandem als Opfer wahrgenommen wurde. Zu Hause, wo er dieser Gewalt nicht ausgesetzt war, benahm er sich kooperativ und war ein fröhliches Kind. Und auch in der Schule wurde er weder von Lehrern noch von Mitschülern als Opfer wahrgenommen, obwohl sich jeder mit nur relativ geringer Mühe in die Situation eines Kindes hineinversetzen kann, das täglich lächerlich gemacht wird und dem schutzlos ausgesetzt ist. Die Art von verbaler Gewalt, die Emre erlebte, verzichtete sogar weitgehend auf Kraftausdrücke, offen ausgesprochene rohe Beleidigungen oder klare Drohungen und war wohl daher auch besonders gut geeignet, über Jahre hinweg von Lehrern und Erziehern bagatellisiert zu werden. Das neudeutsche Wort „Mobbing" beschreibt einen solchen Prozess von (in der Regel verbaler) Gewalt, mit der eine Person sozial isoliert wird und über kurz oder lang als Zielscheibe verschiedener Gehässigkeiten dient. Was uns später in den Medien als brutale Gewalt begegnet, hat in der Regel seinen Hintergrund in solchen Formen des jahrelangen Mobbings, wie die Geschichten verschiedener Amokläufer in den USA belegen. Aber auch ohne diese medienwirksamen und glücklicherweise relativ seltenen Resultate erzeugt Mobbing vielfaches Leid. Angefangen von körperlichen Krankheiten, die durch den immensen Stress gefördert oder verursacht werden, bis hin zu Behinderungen der seelischen Entwicklung, die im Endeffekt sogar dazu führen, dass die Person, die sich sozial isoliert und ausgesondert erlebt, sich am Ende tatsächlich „eigenartig benimmt", was dann wiederum benutzt wird, um sie selbst dafür verantwortlich zu machen, Opfer geworden zu sein. („Kein Wunder, dass er nicht akzeptiert wird, so wie der sich benimmt ...")

1. Stufen der Gewalt

Wenn Erzieher, Eltern oder Jugendleiter tatenlos zusehen, wie ein Kind zur Zielscheibe von Gemeinheiten oder Abwertungen wird, tragen sie dazu bei, dass Gewalt entsteht. Emre ist hier keine Ausnahme. Er hat es nie erlebt, dass das Erziehungssystem, die Schule, sich klar und deutlich schützend für seine Würde einsetzte. In späteren Gesprächen mit Lehrerinnen und Lehrern zeigte sich ein besonders interessantes Phänomen, nämlich dass diese davon ausgingen, dass Emre ein „schwieriges Zuhause" habe, was sich im Rahmen der Beratungsgespräche als ein hundertprozentiges Vorurteil herausstellte. Die Familienverhältnisse von Emre waren geordnet, die Kommunikation zwischen den Eltern und den Geschwistern war konstruktiv und effektiv. Allerdings war es Emre nicht gelungen, irgendeinem Erwachsenen, eingeschlossen der Eltern, klarzumachen, wie nachhaltig verletzend die Sticheleien einiger Mitschüler auf ihn wirkten. Dass die Erwachsenen in Emres Umfeld nicht in der Lage waren, sich in ihn hineinzufühlen, ist nun wirklich nicht Emres Fehler.

2. Auf Worte folgen Taten

Wie eskaliert Gewalt? Die nächste Stufe der Gewalt, mit der in diesem Fall auch Emre antwortete, ist, etwas zu zerstören. Vandalismus, größere oder kleinere Sachbeschädigungen sind eine Form von Gewalt, die wie verbale Gewalt in vielen Familien nicht als solche wahrgenommen wird. Egal ob es die berühmte Untertasse ist, die durch das Zimmer fliegt, oder ob eine aufgebrachte Mutter die nicht aufgeräumten Spielsachen ihrer Sprösslinge so in eine Kiste schmeißt, dass sie dabei kaputtgehen – die Wirkung dieser ungezügelten Wutausbrüche auf Kinder ist klar: Sie befürchten, dass das, was ihren Sachen passiert, auch ihnen passieren kann. Das gilt übrigens nicht nur für Kinder, sondern auch für die Ehefrau, die erlebt, wie ihr Mann ein Bild von der Wand nimmt und auf dem Boden zertrümmert. Sie wird den Schaden dieses Ereignisses nicht in erster Linie in einem zerstörten

Bild sehen, sondern in einem zerstörten Vertrauen in die Fähigkeit ihres Mannes, sich selber im Griff zu haben und seine Gefühle zu kontrollieren. (Vielleicht erlebt diese Frau aber auch einen subtilen Gewinn, weil sie sich nun moralisch überlegen fühlen darf.)

Auch anonyme Sachbeschädigung, wie z.B. das Herausreißen von Blumen aus städtischen Pflanzkübeln oder das Zerstechen von Fahrradreifen, hat seine primäre Wirkung nicht in dem Sachschaden, der angerichtet wird, sondern in dem Stress, der dadurch bei den Menschen entsteht, die z.B. Angst vor ähnlichen Zerstörungen bekommen. So ist es durchaus möglich, dass eine herausgerissene Pflanze im Wert von wenigen Euro bei dem Besitzer des Gartens zu einer echten Depression führt, wenn dieser Garten liebevoll und vermeintlich auch zur Freude der Nachbarn gepflegt wurde. Auch für Kinder ist es in der Regel so, dass sie das zerstörte Federmäppchen oder den mutwillig zerrissenen Anorak nicht in erster Linie als Verlust eines Gegenstandes mit einem bestimmten Wert wahrnehmen, sondern als Beschämung und Einschüchterung. Die 9-jährige Carina z.B. erlebt, wie ein paar Rowdys aus ihrer Klasse mit Tritten gegen die Reifen ihres Fahrrades etliche Speichen verbiegen. Das Gefühl von Hilflosigkeit und Ausgeliefertsein, was sich bei ihr einstellt, ist allerdings weitaus schlimmer als der Verlust einiger Speichen. Carina fühlt sich beschämt und lächerlich gemacht, weil sie diesen Kindern hilflos ausgeliefert war, und sie bekommt Angst, ihren Eltern von dem kaputten Fahrrad zu erzählen, weil sie befürchtet, wieder Opfer der gleichen „Bande" zu werden, wenn die Eltern einschreiten und z.B. Schadensersatz verlangen. Erst nach einigen Wochen und auf wiederholtes Nachfragen der Eltern, warum sie denn ihr Fahrrad nicht benutze, traut sich Carina, den Eltern von dem Ereignis zu erzählen. Innerhalb dieser Wochen sind jedoch deutliche Veränderungen wahrzunehmen, was Carinas emotionale Verfassung betrifft: Sie wirkt ängstlich, bedrückt und eingeschüchtert und berichtet ihren Eltern lediglich, dass sie Angst vor der Schule hat, was die Eltern sofort auf den Unterricht beziehen. Sie ahnen nicht – und Carina sagt es ihnen auch nicht –, dass sich die Angst nicht auf den Unterricht, sondern auf den Weg von und zur Schule bezieht. Daher hilft auch die Hausaufgabenbetreuung, der sich Carinas Mutter intensiver widmet, überhaupt nicht weiter.

3. Von der Sache zur Person: Körperverletzung

Die weitere Eskalation der Gewalt führt dann häufig zur dritten Stufe, in der nach verbalen Auseinandersetzungen und dem Zerstören irgendwelcher Dinge das Zufügen von körperlichen Verletzungen geschieht. Sicherlich gehört eine gelegentliche Rauferei, insbesondere bei Jungen, zum Bereich des Normalen. Bei einer solchen Rauferei messen sich zwei etwa gleich starke Gegner, und das Ende der Rauferei ist auf jeden Fall dann gekommen, wenn deutlich ist, dass der eine stärker ist als der andere. Es wird also ein Sieger gekürt, z.B. dadurch, dass einer auf dem Rücken liegt und der andere ihn festhält, ohne dass der andere verletzt oder gedemütigt werden muss.

Normale Rauferei oder Gewalt – wo liegen die Grenzen?

Wenn körperliche Auseinandersetzungen zwischen zwei deutlich ungleich starken Gegnern stattfinden oder der Kampf mit dem Kräftemessen nicht beendet ist, handelt es sich mit Sicherheit um ein sehr destruktives und schädliches Erleben. Wenn es also darum geht, dass ein Kind von einem Stärkeren verprügelt werden soll oder gar Gruppen von Kindern sich gegeneinander verbünden, geht es zweifelsohne um eine Gewalt, die nicht mehr im Bereich „normaler kindlicher Auseinandersetzungen" liegt, sondern die bereits ein großes Schadenspotenzial in sich trägt. Auch die Häufigkeit von „normalen" Rauereien kann zu hoch werden, sodass das betroffene Kind in die Rolle des „Schlägers" kommt und dann möglicherweise bei nicht aggressivem Verhalten nicht mehr wahrgenommen wird. Man kennt dies als „Desensibilisierungseffekt": Der Mensch gewöhnt sich an die lauten Töne, und die leisen werden nicht mehr gehört.

Zweifelsohne gehört zu den schädlichen Formen der Gewalt auch, wenn ein erwachsener Elternteil seine Wut über den Ungehorsam eines Kindes so auslebt, dass er dieses Kind verprügelt. Es gibt kaum Eltern, denen nicht „im Eifer des Gefechts mal die Hand ausrutscht" oder die durch Schreien verbale Gewalt ausüben oder durch Zerstörung die Schwelle zur Gewalt gegenüber ihren Kindern überschreiten. Selbstverständlich führt das nicht sofort und immer zu einem seelischen Schaden. Wissenschaftliche Untersuchungen über die Langzeitfolgen solcher gelegentlichen kleineren Scharmützel zeigen jedenfalls, dass die betroffenen Kinder keine längerfristigen Schäden zu befürchten haben. Allerdings wendet sich das Blatt dramatisch, wenn dem Kind diese elterlichen Wutausbrüche als berechtigt und moralisch richtig dargestellt werden, wenn die Eltern sich dafür also nicht entschuldigen, sondern dem Kind die Schuld zuschieben, oder wenn ein Elternteil häufig die Kontrolle verliert, sodass das Kind in ständiger Angst vor solchen Ausbrüchen lebt. Und natürlich wird das Kind seelisch verletzt, wenn die Härte der körperlichen Auseinandersetzung ein Minimalmaß überschreitet. Prügel, Schlagen mit Gegenständen (Gürtel oder Stock usw.) und ähnliche Erfahrungen sind für Kinder nachweisbar traumatische Ereignisse, die sie in ihrer Beziehung zu anderen Menschen nachhaltig stören, tief liegende Ängste erzeugen und eine mögliche Ursache für spätere seelische Erkrankungen im Erwachsenenalter darstellen können.

Prügel sind kein „christliches Erziehungsmittel"

Auch die „biblische" Begründung für Prügelstrafe, die in manchen christlichen Kreisen immer noch von Zeit zu Zeit zu hören ist, gründet sich auf einzelne Verse, die aus dem Zusammenhang herausgenommen werden. In der Regel handelt es sich um Aussagen, mit denen die Bibel die Beziehung zwischen Gott und dem Menschen illustriert. Sie wollen zeigen, dass Gottes Weg mit dem Menschen manchmal ein steiniger Weg ist, weil er in erzieherischer Absicht den Menschen für die Ewigkeit mit Gott reif machen soll. Daraus pädagogische Methoden abzuleiten, ist eine Fehlinterpretation. Die Bibel ist an diesen Stellen kein Erziehungsleitfaden, sondern ein göttliches Wort der Seelsorge für den erwachsenen Christen. Auch das in der Luther-Übersetzung mit „züchtigen" wiedergegebene Wort bedeutet nicht „strafen" oder „Schmerz zufügen", sondern „in Zucht nehmen". Es könnte also auch mit „Grenzen setzen" übersetzt werden. Wer die Bibel als Ganzes betrachtet und nicht isolierte Verse herausgreift, dem wird deutlich, dass der Tenor biblischer Aussagen zum Umgang mit Kindern sowohl im Alten wie im Neuen Testament das Kind als ein Geschöpf mit eigener Würde ist, das zum Ebenbild Gottes geschaffen

wurde. Wenn Jesus seine Umgebung davor warnt, eines der „Kleinen"
zu ärgern (Markus 9,42 bzw. Lukas 17,2), oder wenn er die Kinder,
die zu ihm gebracht werden, „herzt" (also fest in den Arm nimmt und
drückt) oder wenn der Epheserbrief in aller Klarheit die Väter er-
mahnt, Kinder nicht zum Zorn zu reizen (Epheser 6,4), wird deutlich,
dass die Bibel ein für die Antike wohl einzigartiges Zeugnis der Würde von Unmündigen und Kindern ist. Wenn man daran denkt, dass Jesus häufig Kinder in die Mitte der Erwachsenen gestellt und dann die
Kinder den Erwachsenen zum Vorbild gestellt hat (niemals umgekehrt), dann erscheint es absurd, sich vorzustellen, dass Jesus zustim-
men würde, wenn einer dieser Erwachsenen eines dieser Kinder übers
Knie legen, es mit einem Rohrstock oder einem Gürtel verprügeln
oder ihm anderweitig Angst und Schrecken einjagen sollte.

Den Teufelskreis der Gewalt erleben – Gewalt üben

Es gibt überzeugende, ja sogar überwältigende Untersuchungen, die
zeigen, dass Kinder, die selber Opfer von gewalttätigen Erziehungs-
methoden sind, selber dazu tendieren, gewalttätig zu werden. Eines
der wichtigsten Dinge, die wir tun können, um unsere Kinder vor Gewalt zu schützen, ist also, sie vor unserer eigenen Gewalt zu schützen.
Wie kann das geschehen? Wir müssen als Erzieher darauf achten, dass
wir selber nicht „auf dem letzten Loch pfeifen", dass wir nicht unge-
duldig und strafend reagieren, weil wir den Stress, unter dem wir stehen, nicht aushalten, kurz: Wir müssen als Erzieher dafür sorgen, dass
unsere eigenen Ressourcen nicht überstrapaziert werden. In der Regel
beginnt Gewalt in der Familie als ein Symptom eines zu hohen Stress-
niveaus, welches dazu führt, dass Menschen die Beherrschung verlieren.

Ich möchte an dieser Stelle noch einmal betonen, dass auch Belei-
digungen und Sachbeschädigungen in die Kategorie Gewalt gehören.
Jeder „Kontrollverlust", bei dem Eltern „ausrasten", ist ein Fehler, für
den die Eltern die Kinder um Verzeihung bitten können (und sollen).
Keinesfalls darf die Schuld dem Kind zugeschoben werden. Wenn das
Kind Schmerzen oder Angst vor weiterer Bestrafung erleidet, weil die
Eltern oder ein Elternteil zu gestresst sind, um mit dem Kind geduldig

umzugehen, ist das schädlich. Größer ist der Schaden für das Selbstwertgefühl allerdings, wenn das Kind glaubt, selber verantwortlich zu sein. Die Schlussfolgerung des Kindes heißt nämlich: Ich habe es verdient, dass ich angeschrien oder geschlagen werde – also bin ich schlecht und kann mich jetzt mit Fug und Recht minderwertig fühlen. Hier steckt die Ursache vieler zukünftiger Probleme.

Kapitel 2

Wozu dient Gewalt?

Wenn Gewalt so offensichtlich schädlich ist, z.B. Beziehungen zerstört oder zu Gegengewalt einlädt – wie kommt es, dass wir uns ihrer immer wieder bedienen, dass es nie eine Zeit gegeben hat, in der in Familien, in der Gesellschaft oder in der Politik auf Gewalt verzichtet wurde?

Aggression und seelische Befindlichkeit

Gewalt erfüllt verschiedene Zwecke. Sie funktioniert, kurzfristig sogar oft sehr gut. Gewalt bringt also einen Gewinn. Hier kann man unterscheiden zwischen den „primären" Gewinnen und den „sekundären" Gewinnen. Zu den sekundären Gewinnen kommen wir später (s. S. 28f). Bei dem primären Nutzen handelt es sich um den Lustgewinn bzw. die Entspannung, die damit verbunden ist, wenn man seiner Wut mal so richtig Luft macht. Es geht also hier um ein innerpsychisches Erleben. Das Kind oder der Erwachsene, der „mal richtig die Sau rauslässt", erlebt sich als stark und mächtig. Er gewinnt zumindest scheinbar wieder die Kontrolle über eine Situation, der er oder sie vorher hilflos ausgeliefert war, und fühlt sich dadurch nicht mehr ohnmächtig. Manchmal scheint es, dass wir in ärgerlichen Situationen nur die Wahl haben zwischen aggressiv sein oder depressiv werden. Und in der Tat ist das für viele Betroffene die Alternative, weil sie die dritte Möglichkeit nicht kennen: mit Ärger konstruktiv umgehen. (Was Konfliktfähigkeit bedeutet, wird in einem weiteren Kapitel dieses Buches gründlicher behandelt.) Wenn Menschen Konflikte um jeden Preis vermeiden wollen oder wenn sie nur destruktiven, aggressiven Streit kennen, tendieren sie dazu, Auseinandersetzungen aus dem Weg zu gehen. Das führt dann in der Regel nicht zur Lösung der Konflikte, sondern zu mehr oder weniger regelmäßigen, unbeherrschten Wutausbrüchen. Im Gegensatz zur volkstümlichen Meinung, dass „Dampf ablassen" die Wutgefühle reduzieren könne, zeigen psychologische Forschungen sehr deutlich, dass das nicht der Fall ist. Im Gegenteil:

Wenn Menschen ihre Wut an anderen ablassen, werden sie auf Dauer immer aggressiver. Wut und Aggressionen lassen erst dann nach, wenn die Energie, die die Wut bringt, dazu benutzt wird, die Probleme zu lösen und die Konflikte, die im Hintergrund dieser Wut stehen, erfolgreich anzugehen. Wenn diese Konflikte nicht gelöst werden, wird die Wut nicht kleiner, sondern größer, egal wie oft und wie heftig man sich „Luft macht".

Das Märchen vom „Abreagieren"

Die meisten Menschen haben hier aus der Sichtweise von Sigmund Freud für den Umgang mit Aggressionen das Modell des „Dampfdrucktopfes" übernommen. Mit anderen Worten: Sie glauben, dass Wut und Aggressionen sich im Inneren eines Menschen langsam, aber sicher aufstauen und dass es dann notwendig ist, diese Wut einmal „rauszulassen", so wie man eben den Dampf aus dem Überdruckventil eines Dampftopfes herauslässt. Diese Sichtweise geht davon aus, dass Aggression so etwas wie ein Trieb ist, der im Menschen in einem mehr oder weniger starken Maß vorhanden ist und der eben ausagiert werden muss.

Diese Auffassung ist wissenschaftlich eindeutig als falsch bewiesen, hält sich aber hartnäckig in der Populärpsychologie. Wenn „alle" daran glauben, muss dann nicht „was Wahres dran sein"? Oder wie konnte es zu einer solchen Fehleinschätzung kommen? Die Antwort liegt wahrscheinlich darin, dass der Zeitgeist einen großen Einfluss auf die jeweilige gesellschaftlich akzeptierte Sicht des Menschen hat. In der Geschichte der Psychotherapie zeigt sich z.B. recht deutlich, dass die Sicht des Menschen immer an der jeweiligen Technologie der Zeit orientiert war. So reden wir heute, im Informationszeitalter, von psychischen Störungen als dem Ergebnis mangelnder Informationen bzw. von Desinformationen. Wir denken über soziale Gruppen, Familien usw. wie über Computer nach und sprechen von Netzwerken und Regelsystemen. In den 70er-Jahren des vergangenen Jahrhunderts, in dem die Begrenztheit der Ressourcen durch die „Ölkrisen" und Umweltprobleme offensichtlich wurde, beschäftigte sich die technische Entwicklung hauptsächlich mit energiesparenden und umweltschonenden Methoden. Und auch in der Psychotherapie dachte man über die Ökologie menschlicher Beziehungen nach, über den sparsamen Umgang mit den Ressourcen, die zur Verfügung stehen. In den Dreißigerjahren, in denen die Gesellschaft an den Segen der Technik glaubte und daher versuchte, ihre Probleme mithilfe von Technologie nachhaltig zu lösen (und man z.B. davon träumte, die Polkappen abzuschmelzen und mit dem gewonnenen Wasser die Sahara fruchtbar zu machen), entwickelte sich in der Psychotherapie die sogenannte Verhaltenstherapie, die zumindest damals fast ähnliche Machbarkeitsideale entwickelte: „Mit der richtigen Technik kriegen wir jede seelische Störung wegbehandelt."

In unserer Gesellschaft geht der bei Weitem wichtigste Einfluss auf die Populärpsychologie jedoch von der Psychoanalyse Sigmund Freuds aus, die als erste Psychotherapie die stärkste Wirkung haben konnte.

Bei Freud war es im Anfang des vergangenen Jahrhunderts sicherlich die Technologie der Dampfmaschine, wie sie z.B. bei der Eisenbahn in Benutzung kam, von der die Psychotherapie inspiriert war. Bei der Dampfmaschine gibt es unten ein Feuer, welches die eigentliche Energie liefert, aber eben auch gefährlich ist und an dem man sich verbrennen kann. In der Mitte gibt es den Dampfkessel mit den dazugehörenden Kolben und den Zylindern, Rohrleitungen, Ventilen und Pleuelgestängen, die die Energie des Feuers nutzbar machen. Und oben auf der Dampfmaschine gibt es einen Fliehkraftregler, der dafür sorgt, dass alles in geregelten Bahnen verläuft. Das heißt also, dass die Ventile geöffnet werden, wenn die Dampfmaschine zu schnell wird und der Druck zu hoch ist, um dadurch die Dampfmaschine davor zu schützen, dass sie sich selber zerstört.

Was das Feuer in der Dampfmaschine ist, ist bei Sigmund Freud das „Es", d.h. die Instanz der Triebhaftigkeit, in der sich Sexual- und Aggressionstrieb befinden. Diese Triebe liefern die psychische Energie, allerdings in einer Form, die wir noch nicht nutzbar umsetzen können. Die Umsetzung ist die Aufgabe des „Ich", welches vergleichbar dem Dampfkessel mit Zylinderkolben und Pleuelgestänge die Aufgabe hat, aus den „primitiven" Impulsen des „Es" nutzbare Energie für den sinnvollen Umgang mit der Realität zu gewinnen. Ganz obendrauf sitzt wie der Fliehkraftregler das „Über-Ich", die Regelinstanz: das Gewissen, die Werte und Normen, die dafür sorgen, dass die Impulse des Es mit dem darin herrschenden Lustprinzip ein Gegengewicht bekommen, welches die Triebbefriedigung in sozial verträglichen und moralischen Normen hält.

Selbstkontrolle: ein Aspekt seelischer Reife

Wie gesagt: Unsere Gesellschaft hat wissentlich oder unwissentlich diesen Blickwinkel weitgehend übernommen, und auch wenn wissenschaftliche Studien wieder und wieder das Gegenteil beweisen, gibt es sehr viele Menschen, die daran glauben, dass das „Herauslassen" von Aggressionen diese verringern würde. Unglaublich, aber wahr: Das Gegenteil ist der Fall! Wer seine aggressiven Impulse unkontrolliert an irgendwelchen Menschen oder Gegenständen auslässt, z.B. einem Punchingball, wird dadurch nicht weniger aggressiv, sondern aggressiver. Die Schaumgummikeule, mit der man auf eine lebensgroße Puppe oder Ähnliches einschlägt, gehört zwar auch zur Werkzeugkiste von Kindertherapeuten, allerdings wird sie dort eingesetzt, um übermäßig aggressionsgehemmte und schüchterne Kinder dazu zu bringen, ein Zuviel an Selbstkontrolle abzubauen. Wenn Eltern ihrem möglicherweise aggressiven Kind dagegen beibringen, auf ein Kissen einzuprügeln oder die Boxhandschuhe anzuziehen, lernt dieses Kind nicht die erwünschte Selbstkontrolle, sondern den Kontrollverlust. Dieser Kontrollverlust macht sich dann unter Umständen in der nächsten konfliktträchtigen Begegnung bei einer Rauferei im Kindergarten oder in der Schule dadurch bemerkbar, dass dieses Kind in seiner Wut nicht mehr aufhören kann, wenn der Gegner am Boden liegt, sondern weiter zutritt oder in irgendeiner anderen Art und Weise die Grenze zwischen Rangelei und Brutalität überschreitet.

Doch auch wenn Aggression die Wut sogar noch steigert, ist aggressives Handeln für Wütende lustvoll.

Der primäre Nutzen von Aggressivität liegt also in erster Linie in einem Lustgewinn, verbunden mit Machtgefühlen und einem Überlegenheitsempfinden. Dieser Funktion der Gewalt lässt sich durch gute Erziehung weitgehend entgegenwirken, wenn 1. Selbstkontrolle ein

Erziehungsziel ist und 2. eine gesunde Selbstverwirklichung gefördert wird, womit die der Gewalt zugrunde liegenden Minderwertigkeiten möglichst gering bleiben. (Selbstverwirklichung bedeutet, dass eine Person in der Lage ist, sich ganzheitlich zu entfalten.) Was dieses zweite Ziel betrifft, nämlich Kindern auf dem Weg zum selbstsicheren Erwachsenen zu helfen, gibt es wenig Kontroversen und viele hilfreiche Tipps in Vorträgen, Gesprächen und Veröffentlichungen. Selbstkontrolle dagegen hat einen unverdient schlechten Ruf. Oft wird hier nicht unterschieden zwischen einer (krank machenden) Verdrängung, bei der die aggressiven Gefühle mit Schuldgefühlen belegt sind, und der sehr gesunden Selbstkontrolle, bei der die Gefühle bedingungslos angenommen werden, aber nicht jedes daraus resultierende Verhalten akzeptiert wird. Eine gesunde Selbstkontrolle setzt ein gutes Maß an Frustrationstoleranz voraus. Mangelnde Selbstkontrolle resultiert in Verhaltensmustern, die dem „Lustprinzip" gehorchen und daher unreif sind. Das Ziel guter Erziehung wäre, eine geeignete Kontrolle über dieses lustvoll-aggressive Potenzial zu erwerben.

Selbstverwirklichung und Selbstkontrolle: ein gesundes Paar

Manchmal werden Selbstkontrolle und Selbstverwirklichung als Gegensätze beschrieben. Hier liegt meistens ein Missverständnis vor, bei dem Selbstverwirklichung gleichgesetzt wird mit einem infantilen Lustprinzip, also nach Lust und Laune ohne Rücksicht auf Verluste handeln. Nichts könnte weiter entfernt von der Wahrheit sein. Beide brauchen sich gegenseitig: Selbstkontrolle ohne Verwirklichung ist zwanghafte Verklemmung, der Versuch der Selbstverwirklichung ohne Kontrolle ist ein Mangel an sozialer Kompetenz. Er führt zu verkrachten Beziehungen und schließlich in die Isolation. Da echte Selbstverwirklichung gute Beziehungen braucht, ist sie ohne ausreichende Selbstkontrolle nicht möglich.

Selbstkontrolle ist lernbar, allerdings nur, wenn man sie übt. So wie ein Uhrmacher nicht dadurch lernt, mit der Pinzette umzugehen, indem er zuerst mal seine ganze Energie mit einem Vorschlaghammer austobt, lernt man Selbstkontrolle nicht durch erlaubten Kontrollverlust.

Schritte zum Erlernen von Selbstkontrolle können am besten im körperlichen Bereich beginnen. Grundlage der Aggression ist oft ein schlecht ausgebildetes Körperempfinden, das zunehmend durch TV-Konsum anstelle körperlicher Aktivität bedingt ist. Hilfreich ist jede Betätigung, bei der ein hohes Maß an Körperkontrolle und Selbstbeherrschung eingeübt wird, sei es, auf Bäume zu klettern oder eine Kampfsportart zu lernen. Die therapeutische Wirkung einer Judo- oder Karateausbildung für aggressive Jugendliche liegt also nicht darin, dass die Kinder sich dort austoben, sondern genau im Gegenteil: Sie lernen dort, sich zu beherrschen, ein gutes Körperempfinden zu bekommen, den Anweisungen des Trainers zu folgen, sich unterzuordnen und vieles mehr. (Ob das im Einzelfall stimmt, muss einer kritischen Prüfung unterzogen werden. Leider gibt es unter den Trainern auch „schwarze Schafe", die mit „Mach-den-Angreifer-fertig-Parolen" zu Aggressivität erziehen.) Dass durch disziplinierte kampfsportliche Übung gleichzeitig auch ein gewisses Maß an sozialem Prestige und Respekt vonseiten Gleichaltriger erworben wird, steht auf einem anderen Blatt, ist aber sicherlich nicht schädlich.

Selbstwertprobleme: Quellen der Aggression

Die Wahrscheinlichkeit, dass Kinder durch das Ausleben aggressiver Impulse zu einer Befriedigung ihrer Bedürfnisse kommen, hängt natürlich auch direkt davon ab, wie diese Bedürfnisse geformt werden. Kinder, die sich wertvoll fühlen und von ihren eigenen Gaben und Fähigkeiten überzeugt sind, werden ihre Bedürfnisse in der Regel dadurch befriedigen, dass sie kreativ und konstruktiv an ihrer Umwelt teilhaben. Im Gegensatz dazu haben Kinder, die voller Frustrations- und Hilflosigkeitsgefühle stecken, ein sehr starkes Bedürfnis danach, ihre eigene Wirkung zu erleben. Und zum Erleben einer Reaktion auf das eigene Verhalten ist Aggressivität natürlich ein sehr viel einfacheres Mittel als Kreativität, denn durch Zerstörung kann man mit sehr viel weniger Aufwand eine erhebliche Wirkung erreichen als durch das Schaffen von Neuem. Ein einfaches Beispiel: Ein von Minderwertigkeit gequälter 14-Jähriger erlebt seine eigene Macht viel einfacher dadurch, dass er eine Scheune anzündet, als dadurch, dass er mit sehr viel Mühe zusammen mit einigen Freunden ein Baumhaus baut. Umgekehrt ist deutlich, dass mit einem wachsenden Selbstwertgefühl die Freude an einer brennenden Scheune abnimmt und die Motivation, ein Baumhaus zu bauen, zunimmt.

Mit anderen Worten: Der primäre Lustgewinn durch Aggression steigt mit der Anzahl der Minderwertigkeits- und der Ohnmachtsgefühle, die ein Kind hat, und fällt mit seinem Selbstwertgefühl. Auch dieses ist Teil der zirkulären Gewaltspirale: Aggressive Kinder werden verständlicherweise sozial isoliert und haben wenig Freunde. Sie werden möglicherweise gefürchtet, aber selten geliebt. Die Reaktion der Umwelt auf die Aggressivität eines Kindes führt dazu, dass es in seinen Minderwertigkeitsgefühlen bestärkt und an der Wahrnehmung seiner eigenen positiven Möglichkeiten eher gehindert wird. Das reduzierte Selbstwertgefühl führt wiederum dazu, dass dieses Kind am meisten Lustempfinden erlebt, wenn es etwas zerstört oder anderen Angst macht, da es dann seine eigene Wirkung deutlicher wahrnehmen kann.

Wie wirkt Aggression?

Gewalt bewirkt nicht nur primär einen Gewinn (seelisch, durch die Lustgefühle, die damit verbunden sind), sondern auch „sekundär", nämlich durch die Wirkung, die die Gewalt bei anderen Menschen oder in der Umwelt hat. Wenn wir auch als Erstes daran denken, wie Gewalt Beziehungen zerstören kann, ist sehr deutlich, dass (besonders bei Jungen) aggressives Verhalten häufig „gut funktioniert" und bei anderen zum erwünschten Ergebnis führt. Das beginnt bei der sozialen Attraktivität, die – wie in einigen Studien gezeigt werden konnte – überraschend hoch ist („aggressiv" gilt bei vielen Kindern als „cool", d.h., Gewalt wird bewundert), und reicht bis zum finanziellen Gewinn durch Erpressung, die durch vorher ausgeübte Gewalt erst die einschüchternde Wirkung bekommt. Gehen wir noch einmal zu Emre, der über Jahre hinweg von einigen Klassenkameraden wegen seiner türkischen Abstammung gehänselt und lächerlich gemacht wurde. Er erlebt sich als Opfer (und das zu Recht), realisiert aber auch sehr bald, dass er durch aggressives Verhalten anderen, insbesondere Kleineren, Furcht einflößen kann. Seine Welt stellt sich immer mehr als eine schwarz-weiß zwiegespaltene Welt dar. Entweder Opfer sein oder selber aggressiv werden. So dient seine Aggression in erster Linie nicht einem „primären" Lustempfinden, sondern einem „sekundären" Zweck, nämlich der Einschüchterung von Klassenkameraden und anderen, die nun nicht mehr wagen, ihn zu hänseln, aus Furcht vor seinen Racheakten. Viele aggressive Kinder erleben ihre Welt auf diese zweigeteilte Weise – entweder Opfer oder Täter sein – und sind verständlicherweise lieber auf der Täter- als auf der Opferseite.

Natürlich gibt es viele andere Möglichkeiten, durch Aggression Macht über andere zu gewinnen, um daraus mehr oder weniger konkreten Nutzen zu ziehen, sei es, dass man durch Erpressung („Entweder du gibst mir dein Fahrrad, oder ich verhau dich") zu Geld oder Gegenständen kommt oder dass sich Drogendealer durch Androhung oder Ausübung von Gewalt das Monopol in ihrem Territorium sichern. Die meisten aggressiven Jugendlichen haben allerdings weniger kriminelle Motive für ihre Aggression. Häufiger geht es mehr um die Wirkung, die sie im sozialen Bereich, also in den Beziehungen zu Freunden und Schulkameraden, erreichen, als um konkrete materielle oder wirtschaftliche Gewinne.

Gut geübt: Rollenverhalten in der Familie

Bei aggressiven Kindern oder Jugendlichen stellt sich häufig heraus, dass sie in ihrer Herkunftsfamilie die Rolle des Sündenbocks einnehmen – eine typische Konstellation, bei der die Konflikte in der Familie nicht da ausgetragen werden, wo sie eigentlich hingehören, sondern an anderer Stelle Ausdruck finden. Nehmen Sie z.B. ein Elternpaar, das voller Spannungen miteinander lebt und seine Konflikte dadurch austrägt, dass die Partner sich in gegenseitiger Bestrafung durch Liebesentzug immer mehr voneinander distanzieren. Sie verbringt das Wochenende bei ihrer Mutter, er geht abends nach dem Büro noch mit Kollegen in die Kneipe und bleibt dort immer länger. Die Spannungen werden zwar nicht offen angesprochen, sind aber für die Kinder durchaus wahrnehmbar. Kinder haben in solchen Familien in der Regel enorme Ängste, dass die Ehe der Eltern zerbricht und sie dadurch ein Elternteil verlieren.

So ist es auch bei der 16-jährigen Annette und dem 14-jährigen Paul. Annette gelingt es immer wieder durch ihre bereits gut entwickelten sozialen Fähigkeiten, die Eltern dazu zu gewinnen, gemeinsame Aktivitäten, schöne Zeiten an einem Wochenende u.Ä. zu planen. Sie bringt ihnen z.B. das Frühstück ans Bett oder sorgt mit ihrem Flötenspiel dafür, dass die Eltern gemeinsam das Schulkonzert besuchen, in dem sie ein Solo spielt. Aber auch mit all ihren bewundernswerten Leistungen gelingt es ihr nicht, die Spannungen zwischen den Eltern dauerhaft zu lösen, sondern sie bewirkt immer nur kurzfristige, punktuelle Entspannung. Annette ist – oberflächlich betrachtet – ganz und gar Vorbild. Ganz anders Paul: Er schwänzt die Schule, ist zu Hause aggressiv, zerstört Dinge, ärgert seine Schwester und ist „genau das Gegenteil" von ihr. Was beide Kinder in der Familie bewirken, ist allerdings ganz ähnlich: Wenn Paul die Blumenvase in den Fernseher wirft, sind beide Eltern so vereint wie sonst praktisch nie. Wenn der Elternabend naht und unklar ist, ob Paul das Schuljahr wiederholen muss, gehen beide Eltern aus ihrer gemeinsamen Sorge um Paul zum Lehrergespräch. In vieler Hinsicht ist Paul sogar sehr viel effektiver als Annette, wenn es darum geht, durch das eigene Verhalten die Konflikte der Eltern zu überspielen bzw. in den Hintergrund zu schieben. So ist Paul sogar derjenige, der „für die Familie sorgt": Wenn die Polizei ihn nicht mit einem geklauten Auto erwischt hätte, wäre die Familie sicherlich nie in eine familientherapeutische Beratung gegangen, und die Konflikte zwischen den Eltern hätten weiter unter den Teppich gekehrt werden können – so lange, bis die Beziehung endgültig zerbrochen wäre.

Die Rolle des Sündenbocks, die manche Kinder in ihrer Familie einnehmen, hat also eine Art Blitzableiterfunktion. Dadurch, dass das Kind aggressiv und sozial unangemessen handelt, wird der Zusammenhalt in der Familie kurzfristig gesichert. Das Kind begibt sich bewusst oder unbewusst in die Rolle des gemeinsamen Feindes, der die anderen vereint. Wie bei Annette und Paul wird dabei die „wunderbare" Annette als Beweis dafür gesehen, dass die Familie keine Schuld an der Aggressivität von Paul hat („Wie könnte es sonst sein, dass die Schwester so bewundernswert ist?"), wobei in Wirklichkeit das Familiensystem eben darauf basiert, dass die Rollenverhalten so scharf getrennt sind. Natürlich würde auch Annette gerne mal über die Stränge schlagen, traut sich das aber angesichts ihres problembehafteten Bruders nicht. („Meine Eltern haben genug Sorgen mit Paul, da darf ich nicht auch noch ...“) Andererseits setzt Annette einen solch hohen Standard an Kooperation und Leistung, dass Paul im Vergleich zu ihr sowieso nie erfolgreich sein kann. („Wenn ich erst so werden muss wie Annette, um akzeptiert zu werden, kann ich's gleich vergessen.“) Natürlich sind beide Kinder in ihrer Entwicklung gestört. Nur bei Annette merkt es keiner. Sie dient den Eltern und der Nachbarschaft als leuchtendes Beispiel („Warum kannst du nicht so sein wie Annette?“) und niemand bemerkt, dass ihr scheinbar so gut entwickeltes Selbstwertgefühl in Wirklichkeit nur die Kompensation enormer Minderwertigkeitsgefühle ist. Denn auch ihr gelingt es nicht, eine wirkliche Liebesbeziehung zwischen den Eltern zu stiften. Egal wie sehr sie sich bemüht, sie erlebt sich als Versager. Sie bekommt viel Anerkennung von den Erwachsenen, hat aber keine gleichaltrigen Freunde und verpasst letztlich ihre Kindheit. Die normale pubertäre Rebellion findet nicht statt, und damit wird auch eine gesunde Loslösung vom Elternhaus erschwert oder unmöglich. Paul dagegen dient als Negativbeispiel, seine nach außen zur Schau getragenen Misserfolge dienen ebenfalls der Kompensation von Minderwertigkeitsgefühlen. Dass Paul in einer wahrscheinlichen Zuspitzung dieser Familienrollen früher oder später aggressiv oder gewalttätig werden wird, ist vorprogrammiert.

Die Eltern von Paul und Annette sind sich in keiner Weise bewusst, dass es ihr Ehekonflikt ist, der dadurch, dass er nicht offen ausgetragen wird, die Störungen bei ihren Kindern hervorruft. Und das ist in der Regel so: Jedes Mitglied eines Familiensystems sieht sich selbst als „verständlicherweise“ auf die Handlungen des anderen reagierend, aber nimmt nicht wahr, wie die eigenen Handlungen und sozialen Beziehungsmuster bei den anderen wiederum die Reaktionen bewirken, auf die man selber reagiert. Paul fühlt sich berechtigt, sich in dieser „Scheißfamilie“, wie er sich auszudrücken pflegt, zu benehmen, wie es ihm passt, und nimmt nicht wahr, dass er mit seiner Aggression einen wesentlichen Teil von dem Stress erzeugt, unter dem er selbst leidet. Annette sieht sich als Opfer der Familie, insbesondere ihres Bruders, und nimmt nicht wahr, wie sie durch ihre „Vorbildlichkeit" sowohl dazu beiträgt, dass die Eltern ihre Konflikte nicht bewältigen, als auch dazu, dass ihr Bruder Paul keinerlei Chance sieht, mit ihr zu konkurrieren. Beide Eltern erleben sich als Opfer der Lieblosigkeit des Ehepartners, gründen ihren Familienstolz auf Annette und sind zusammengebunden durch die gemeinsame Sorge um Paul. Was sie nicht wahrnehmen, ist, dass die Störung ihrer Ehe eigentlich erst die Grundlage für die Störung des Familiensystems bildet.

So wie bei Paul zeigt sich bei genauerem Hinsehen bei sehr vielen aggressiven Kindern, dass **die Aggressivität zur Aufrechterhaltung eines gestörten Familiensystems dient,** aber damit auch der Sicherung der wichtigsten Lebensbezüge. Mit anderen Worten: So wie Paul es sich „gar nicht leisten kann", auf Aggressivität zu verzichten, weil er dann befürchten muss, dass die Familie auseinanderbricht, dient bei vielen aggressiven Kindern ihr Verhalten ähnlichen Zielen. Fast immer wird man feststellen: Je aggressiver ein Kind ist, desto größer sind seine Ängste. Die Aggression dient mehr oder weniger direkt der Kompensation dieser Ängste: Wo ich mich schwach und ineffektiv fühle, macht die Aggression mich stark und wirkungsvoll. Wo ich mich hilflos ausgeliefert fühle, macht meine Aggression die anderen hilflos, indem sie Opfer schafft. Wo ich mich unbedeutend und ungeliebt fühle, führt die Aggression dazu, dass ich mich als gefürchtet erlebe, wenn schon nicht als geachtet oder geliebt.

Kapitel 3

Kinder vor Gewalt schützen

Um zu verhindern, dass Kinder Opfer von Gewalt werden, müssen wir verhindern, dass andere Kinder Täter von Gewalt werden. Kinder sind sehr häufig Opfer von Kindern, wobei die Altersunterschiede mehr oder weniger groß sein können. Mit der Frage, wie man Kinder daran hindert, Täter zu werden, werden wir uns später befassen. Zunächst etwas zu der Frage, wer Opfer wird und warum.

Ein Blick auf die Statistik zeigt relativ deutlich, dass nicht alle Kinder mit gleicher Wahrscheinlichkeit Opfer von Gewalt werden. Neben demografischen Faktoren, wie z.B. der sozialen Herkunft oder der Nachbarschaft, in der ein Kind lebt, der Schule, in die es geht, usw.– Faktoren, die man in der Regel nicht ändern kann –, gibt es durchaus auch solche, die mit der Persönlichkeit des Kindes zusammenhängen, also anerzogen wurden.

Opfer werden wieder Opfer

Die wichtigste Beobachtung dazu lautet in einem Satz: Opfer werden wieder Opfer. Das klingt zunächst paradox, denn man sollte ja eigentlich davon ausgehen, dass ein Kind, das bereits Opfer von Gewalt geworden ist, danach umso vorsichtiger ist und Situationen, in denen es z.B. Repressalien ausgesetzt ist, in Zukunft vermeidet. Davon abgesehen, dass das nicht immer gelingt, ist deutlich, dass auch das Vermeiden von befürchteter Gewalt ja bereits bedeutet, dass ein Kind Opfer ist. Wenn z.B. der 12-jährige Moritz nach der Schule jeden Tag erst noch zwanzig Minuten auf dem Schulhof wartet, bevor er seinen Heimweg antritt, damit er nicht an der Bushaltestelle vorbeimuss, an der einige Rowdys aus seiner Klasse ihm auflauern könnten, ist er Opfer von Gewalt, obwohl es ihm gelingt, die eigentliche Gewalt zu vermeiden. Trotzdem zeigt sich sehr deutlich, dass die Versuche, Gewalt zu vermeiden, bei den meisten Kindern fehlschlagen. Im Gegenteil: Je mehr ein Kind zu tun bereit ist, um Gewalt zu vermeiden, desto „lohnender" ist es für die anderen in seiner Umgebung, es zu bedrohen oder zu bedrängen. Ein ängstliches und eher schüchternes Kind wird von den anderen als weniger „gefährlich" wahrgenommen. Wenn es sich einschüchtern lässt, gehen andere Kinder davon aus, dass ihre Gewaltanwendung keine Konsequenzen haben wird. Und so ergibt sich ein Teufelskreis auf der Opferseite: Das Kind, das Gewalt erlebt, wird ängstlich und verschüchtert. Es versucht möglichst viele Dinge zu tun, um zukünftige Gewalt zu verhindern, aber eben gerade dieses Vermeidungsverhalten macht es attraktiv für aggressive Kinder, die sich vor diesem Kind als Opfer nicht zu fürchten brauchen.

Hier zeigt sich eine Veränderung in den sozialen Strukturen, die sich in den letzten Jahren, besonders in den Großstädten, ergeben hat. Der Ton ist nicht nur etwas kühler geworden, das Motto „Der Stärkere überlebt" hält schon Einzug im Kindergarten: Selbstunsichere Kinder, die als „schwach" angesehen werden, finden es zunehmend schwierig, in Schule und Nachbarschaft andere zu finden, die sich mit ihnen in ihrer Schwäche solidarisieren. Natürlich gab es auch früher schon sozial wenig entwickelte Kinder, für die ein anderer, Schwächerer, eben ein Schwächling oder Verlierer war. Doch heute ist der negative soziale Druck, der z.B. durch Abwertung in einer Schulklasse entstehen kann, wenn sich ein stärkeres Kind mit einem schwächeren solidarisiert, enorm hoch. Das zeigt auch die Sprache der Schüler, in die das Wort „Loser" aus dem Englischen übernommen wird, um einen Verlierer zu bezeichnen. Gemeint ist allerdings nicht einer, dem man Mitleid oder Verständnis entgegenbringt oder dem man gar helfen könnte – der „Loser" ist ein Schwächling, den man verachtet. Um nicht zum Loser zu werden, sind Kinder, besonders Teenager, bereit, so ziemlich alles zu unternehmen, was ihnen soziale Akzeptanz und Zugehörigkeit zur Gemeinschaft der Gleichaltrigen verspricht. Das beginnt mit Kleidungsstücken, die bestimmte Markennamen tragen und natürlich dementsprechend teuer sind, und hört noch lange nicht auf bei teuren Handys, Augenbrauenpiercings oder aufwendig gestylten Haaren. Kurz: Um kein Loser zu sein, muss man alles tun, was man tun kann, um attraktiv zu sein.

Heißt das, dass Eltern ihre Kinder am besten vor Gewalt schützen können, indem sie ihnen teure Markenkleider, Handys und Termine beim angesagten Friseur finanzieren? Natürlich nicht. Aber es ist tatsächlich wichtig für Kinder, dass sie in ihrem sozialen Umfeld als attraktiv wahrgenommen werden. (Und das gilt ja nicht nur für Kinder …) Man muss eine ganze Menge dafür tun, um als beliebt und sympathisch zu gelten. Dabei sind die käuflichen Lösungen des Sympathieproblems für Kinder erst mal naheliegend, allerdings bei Weitem nicht so effektiv in ihrer Wirkung, wie die Kinder sich das erhoffen. Es stimmt zwar, dass coole Kleidung und ein positives Outfit dazu beitragen, dass Kinder in der Gruppe der Gleichaltrigen akzeptiert werden, der wichtigste Faktor ist aber ein hohes Maß an zwischenmenschlichem Kommunikationsverhalten, das man „soziale Kompetenz" nennt.

Soziale Kompetenz: Schutz vor Übergriffen

Mit diesem wissenschaftlich klingenden Begriff werden verschiedene Fähigkeiten beschrieben. Sie beinhalten, dass ein Mensch in der Lage ist, sein eigenes Erleben, Fühlen, Denken, seine Bedürfnisse und Wünsche sowie Erwartungen und Enttäuschungen klar und deutlich zu äußern. Ein sozial kompetenter Mensch ist also in der Lage, eine relativ lange Liste von verschiedenen Kommunikationsverhalten auszuüben. Dazu gehört:

- Nein sagen,
- Versuchungen zurückweisen,
- Kritik anhören,
- Störungen anzeigen und Änderungen verlangen,
- widersprechen,
- sich entschuldigen,
- Komplimente akzeptieren,
- Komplimente machen,
- auf Kontaktangebote reagieren,
- selbst Kontaktangebote machen,
- ein Gespräch beginnen,
- ein Gespräch aufrechterhalten oder beenden,

- jemanden um einen Gefallen bitten,
- Gefühle offen zeigen
- …

Eine hohe soziale Kompetenz bedeutet, dass ein Mensch in all diesen Verhaltensweisen sich weder aggressiv noch unsicher verhält, sondern selbstsicher.

Dass sowohl unsicheres Verhalten als auch aggressives Verhalten ein Kind für die Opferrolle prädestiniert, ist offensichtlich. Im einen Fall erzeugt es durch eigene Aggression schnell eine Gegenaggression. Auf der anderen Seite ist eine übermäßig unsichere Reaktion besonders für von Minderwertigkeitsgefühlen geplagte aggressive Kinder geradezu eine Einladung, ihre Aggressionen an diesem „schwachen" Menschen abzulassen. Wenn Sie also Ihrem Kind helfen wollen, möglichst kein Opfer der Aggression anderer Kinder zu werden, dann helfen Sie ihm, so bald wie möglich zu einem hohen Maß an selbstsicherem Verhalten zu kommen.

Wie lernt ein Kind selbstsicheres Verhalten?

Wie bei allen Kommunikationsverhalten gilt für eine gesunde Selbstbehauptung, dass sie am einfachsten am Modell gelernt wird. Kinder imitieren ganz automatisch die Personen, die in ihrem Umfeld als nachahmenswert erlebt werden, und verhalten sich im Großen und Ganzen so, wie diese Personen sich verhalten. Manchmal sind auch die Eltern nicht besonders selbstsicher, sodass sie kein gutes Modell bieten, oder es gibt andere Gründe, z.B. eine sehr schüchterne Veranlagung, wegen der ein Kind in diesem Bereich seinen Altersgenossen hinterherhinkt – nicht selten übrigens deswegen, weil die Eltern ein selbstunsicheres, also angepasstes und eher willensschwaches Kind als pflegeleicht wahrnehmen und mehr oder weniger unbewusst die soziale Inkompetenz fördern. Auch wenn in der heutigen Pädagogik die Maxime „Kinder soll man sehen, aber nicht hören" nicht mehr gilt, gibt es doch viele Eltern, die sich darüber freuen, dass eines ihrer möglicherweise mehreren Kinder nicht widerspricht, keine widerspenstigen Fragen stellt und wenig bestimmend Wünsche und Erwartungen äußert.

Dass damit dieses Kind mit einer höheren Wahrscheinlichkeit zum Opfer anderer wird (ob bereits jetzt oder später, als Erwachsener, durch „Mobbing"), ist den Eltern in der Regel nicht bewusst.

Gefühle und Verhalten

Einer der wichtigsten Faktoren für Selbstoffenbarung und Selbstbehauptung ist natürlich zuerst einmal die Tatsache, dass die Eltern dies willkommen heißen und wünschen. Das heißt: Sie hören zu, wenn das Kind über sich berichtet, sie urteilen nicht, sie kritisieren nicht zu schnell und schimpfen mit dem Kind nicht wegen innerer Erlebnisse, Wünsche und Gefühle. Eltern, die ihren Kindern helfen, eine hohe soziale Kompetenz zu erreichen, können sehr deutlich zwischen Verhalten und Gefühlen unterscheiden. Verhalten ist z.B., wenn ein wütendes Kind die Türe laut zuknallt. Das Gefühl (die Wut) kann auch anders geäußert werden, am besten in Worten und angemessener Gestik. Eltern, die Kinder zum selbstsicheren Verhalten erziehen, werden also dem Kind vermitteln: Dass du die Türe schlägst, ist nicht o.k., auch wenn ich verstehen und akzeptieren kann, dass du wütend bist. Die Gefühle des Kindes werden bestätigt und niemals moralisch infrage gestellt. Die Verhaltensweisen dagegen können sehr wohl kritisiert, alternative Verhaltensweisen vorgeschlagen werden. Eine Mutter, die ihr Türen knallendes Kind pauschal rügt: „Das will ich nicht noch mal erleben, dass du dich so benimmst!", kritisiert dagegen sowohl das Gefühl als auch das Verhalten. Das Kind erlebt sich also für beides bestraft. Wenn das Ziel der Erziehung ist, dass Kinder lernen, ihre Gefühle, Meinungen, Wünsche und natürlich auch so etwas wie Wut auf eine angemessene Art und Weise zu äußern, dann darf nicht die Wut an sich bestraft oder kritisiert werden, sondern die unangemessene Ausdrucksform. Am besten wäre es, wenn die Erzieher dem Kind angemessenere Ausdrucksformen für ihre inneren Empfindungen anbieten würden.

Doch bei sozialer Kompetenz geht es nicht nur darum, wie man Wut und andere Gefühle ausdrückt, sondern u.a. auch darum, wie

Wünsche geäußert werden. Wenn der Vater z.B. fragt: „Möchtest du lieber Tee oder Apfelsaft?", antwortet ein selbstunsicheres Kind möglicherweise: „Weiß nicht, ist mir egal." Diese Antwort sollte der Vater nicht akzeptieren, sondern freundlich, aber bestimmt antworten: „Ich möchte nicht für dich entscheiden, was du lieber magst, also du musst dich schon selber entscheiden. ‚Egal' gibt es nicht." Auch ein Kind, das nur mit größter Überwindung seine Wünsche äußert, kann lernen, unter Aufrechterhaltung von Blickkontakt selbst gegenüber Erwachsenen Wünsche klar und deutlich zu äußern. Die Erfahrungen der Familientherapie zeigen sehr deutlich, dass Kinder in relativ kurzer Zeit enorme Fortschritte in ihrer sozialen Kompetenz machen können, wenn entsprechende Anreize vorliegen. Hier gilt, wie bei den meisten anderen Verhalten auch: Übung macht den Meister.

Recht durchsetzen, Beziehungen klären, Sympathie erwerben

Prinzipiell gibt es drei unterschiedliche Situationen, in denen soziale Kompetenz eine wichtige Rolle spielt. Erstens gibt es Situationen, in denen die betroffene Person ihr Recht durchsetzen möchte. Für ein Kind könnte das z.B. bedeuten, dass es lernt, sich in der Schlange beim Bäcker deutlich und laut zu Wort zu melden: „Als Nächstes bin ich dran. Entschuldigung, aber Sie kamen nach mir." Die zweite Situation, in der soziale Kompetenz gefragt ist, ist das Klären von Beziehungen. Hier sind von beiden Seiten Wünsche vorhanden, die aber nicht mit rechtlich legitimen Ansprüchen verbunden sind. Das Ziel einer Beziehungsklärung ist also eine gemeinsam errungene Einigung. Um eine solche Situation zu üben, brauchen Kinder die Möglichkeit, Konflikte und Streit austragen zu dürfen, und müssen dabei Geschwister und Freunde als „Übungsfeld" zur Verfügung haben.

Da Kinder innerhalb der gleichen Familie meistens unterschiedlich groß und stark sind, neigen Eltern dazu, dem kleineren, d.h. schwächeren Kind zu schnell zur Seite zu stehen. Damit verhindern sie aber, dass die Kinder lernen, Konflikte unter sich zu lösen. (Abgesehen davon lernt das kleinere Kind in der Regel sehr schnell, den „Mama-hilft-mir-Effekt" einzuplanen und die älteren Geschwister umso dreister zu provozieren.) Die elterliche Reaktion: „So, ihr geht jetzt in dieses Zimmer, und wenn ihr euch geeinigt habt, könnt ihr wieder rauskommen", stellt dagegen die Kinder vor die Notwendigkeit, sich zu einigen, Kompromisse zu schließen und in Zukunft Streitigkeiten eher zu vermeiden. Sie erleben, dass niemand einer Einigung zustimmt, wenn er oder sie dabei das Gesicht verliert. So lernen Kinder, auch ihrem „Gegner" ein notwendiges Maß an Würde zu gewähren und dabei eigene Bedürfnisse nicht kampflos aufzugeben.

Die dritte Situation, in der soziale Kompetenz gefordert ist, ist das Werben um Sympathie. Hier geht es darum, eigene Wünsche zu äußern und „attraktiv" zu sein. Dazu gehört, dass ein Kind bei einem Schulkameraden, den es noch nicht gut kennt, anruft, um zu fragen, ob es mit ihm spielen möchte. Diese Fähigkeit ist besonders wichtig, wenn Kinder tatsächlich einer Gewaltdrohung ausgesetzt sind, weil sie dann z.B. die Fähigkeit haben, zu einem x-beliebigen Erwachsenen zu gehen, ihn freundlich anzuschauen und zu sagen: „Entschuldigen Sie, würden Sie mich bitte ein Stück begleiten, der Benno da hinten will mich verhauen."

Wer seine Rechte äußern und durchsetzen kann, ohne aggressiv zu werden, wer in Beziehungsklärungen eigene Bedürfnisse und Gefühle ausdrücken kann und dabei dem andern auch noch zuhört, und wer die Fähigkeit hat, offen und fröhlich um die Sympathie anderer zu werben, hat natürlich keine Garantie, vor Gewalt geschützt zu sein. Auch Kinder werden, wie Erwachsene, Zufallsopfer. Allerdings sind die Chancen erheblich geringer, dass das passiert. Abgesehen von dem Schutz, der gute soziale Kompetenz bedeutet, handelt es sich bei diesen Fähigkeiten um Voraussetzungen für erfolgreiche Beziehungsgestaltung, die in unserer Gesellschaft generell zunehmende Bedeutung erlangen. So ist z.B. die Anzahl der Berufe, bei denen ein Mensch gute Arbeit leisten kann, ohne sich konstruktiv mit anderen auseinandersetzen zu müssen, inzwischen nur noch ein kleiner Bruchteil der möglichen Beschäftigungen. Bei den meisten Erwachsenentätigkeiten ist gute soziale Kompetenz Voraussetzung für Erfolg.

Umgang mit Gewaltsituationen

Wir haben gesehen: **Je weniger selbstsicher ein Kind ist** (also entweder aggressiv oder verunsichert), **desto wahrscheinlicher ist, dass dieses Kind Opfer von Aggressionen wird.** Darüber hinaus verbindet sich mit Unsicherheit noch ein weiterer Effekt, der erst zur Geltung kommt, wenn das Kind bereits Opfer ist: Kinder, die sich als „Loser" wahrnehmen, schämen sich in der Regel dafür, Opfer von Gewalt geworden zu sein, und erzählen es den Erwachsenen nicht. Um ein Kind in einer konkreten Gefährdung zu schützen, muss es aber in der Lage sein, auf Erwachsene zuzugehen und um Hilfe zu bitten. In vielen Großstädten gibt es Programme, bei denen örtliche Geschäfte wie Metzgerei oder Bäckerei ein „Kind-in-Not-Programm" anbieten. Doch auch in Städten, in denen die Ladentüren nicht von entsprechenden Aufklebern geziert werden, wird sicher ein um Hilfe gebetener Erwachsener in der Regel für Schutz und Hilfe sorgen. Darum bittet ein Kind allerdings nur, wenn es sich nicht schämt. Auch den Eltern oder Lehrern wird ein Kind von der Gewalt, die ihm angetan wird, nur berichten, wenn es sich wenigstens einigermaßen selbstsicher fühlt.

Realistischerweise müssen Eltern davon ausgehen, dass ihre Kinder ihnen die Dinge, die sie als beschämend erleben, nicht erzählen. Von daher ist es sinnvoll, wenn Eltern mehr oder weniger regelmäßig von sich aus Themen wie Streit auf dem Schulhof oder Schulweg ansprechen. Eine offene Frage („Wie ist es denn bei euch auf dem Schulweg – gibt es da oft Streit?") macht es dem Kind leichter, über seine Erfahrungen zu sprechen.

Wenn Sie Ihr Kind davor bewahren wollen, dass es möglicherweise über Wochen und Monate hinweg Opfer von aggressiven Mitschülerinnen und Mitschülern ist, sprechen Sie mit ihm und warten Sie nicht darauf, dass Ihr Kind Sie daraufhin anspricht.

Insbesondere, wenn ein Kind Ängste vor der Schule, Launen, Bettnässen oder andere Symptome von Stress zeigt, ist ein einfühlsames Gespräch dringend erforderlich. Oft erzählen andere Kinder ihren Eltern Dinge, die das eigene Kind den Eltern nicht erzählt, sodass auch das Gespräch mit den Eltern von Klassenkameraden manchmal wertvolle Hinweise auf ein ungutes Klima bringt.

Erwachsene: gute Helfer, wenn sie gefragt werden

So hilfsbereit die meisten Erwachsenen sind, wenn sie auf Hilfe angesprochen werden (was aber die meisten Kinder nicht tun, weil sie damit ja zeigen, dass sie der Lage alleine nicht gewachsen sind), so selten ist es, dass Erwachsene von sich aus in Konflikte von Kindern eingreifen. So ist es z.B. völlig normal, dass mehrere Erwachsene tatenlos zuschauen, wie eine Gruppe von Kindern den Schulranzen eines anderen Kindes aus dem S-Bahn-Fenster auf die Gleise wirft. Diese Erwachsenen fahren vielleicht die entsprechende S-Bahn-Linie mehr oder weniger regelmäßig und haben sich an das „Gerangel" der Kinder gewöhnt, oder sie fürchten sich vor frechen Antworten, fühlen sich hilflos, wollen sich nicht einmischen usw. Natürlich fällt ihnen auf, dass in diesem Fall die Grenze der normalen Rangelei überschritten wurde: Neben dem möglicherweise finanziell beträchtlichen Verlust eines Schulranzens bedeuten ja das verlorene Lehrmaterial, Hausaufgabenhefte u.a. für das Kind einen wirklichen Schaden. Trotzdem bleiben sie in der Regel bedauerlicherweise passiv.

Untersuchungen der Polizei zeigen, dass Erwachsene, die in solchen Fällen einschreiten, nicht nur in der Situation, in der sie einschreiten, effektiv sind, sondern auch erheblich dazu beitragen, zukünftige Gewaltanwendung zu verhindern. Wenn Kinder erfahren, dass unangemessenes Verhalten vonseiten erwachsener Zuschauer nicht geduldet wird, ist die Wahrscheinlichkeit der Wiederholung sehr viel geringer. Umgekehrt findet sich in den Biografien jugendlicher Straftäter sehr häufig eine bewusst erlebte Phase, in denen das Kind Erwachsene erfolglos zum Einschreiten provoziert hat. Erst die Erfahrung: „Ich kann machen, was ich will – keiner sagt was!", war dann letztlich Ansporn zu kriminellen Handlungen. So erleben Kinder das Fehlen von Grenzen in der Regel auch als eine lieblose Vernachlässigung, auf die sie mit erhöhter Aggression reagieren.

Jenny z.B., die mit 17 bereits eine ansehnliche kleinkriminelle Karriere hinter sich hat, erzählt davon, wie sie sich gewünscht hat, dass die Lehrer, Eltern und Nachbarn vor drei Jahren auf ihren Haschisch-Konsum energisch reagiert hätten. Dass das nicht geschah, war für Jenny letztlich ein Zeichen der Gleichgültigkeit der Erwachsenenwelt ihr gegenüber.

**Wenn Erwachsene Zeugen von Gewalt werden und nicht ein-
schreiten, verstärken sie die Gewalt.** Es ist also wichtig, dass Eltern ihren Kindern, wenn sie Opfer geworden sind, zu ihrem Recht
verhelfen. Das beginnt damit, dass die Eltern nicht selbst den Schaden ersetzen, sondern dafür sorgen, dass der Täter Schadensersatz
leistet. Es ist richtig, die Eltern oder Erziehungsberechtigten des Täters zu informieren und gegebenenfalls eine Anzeige bei der Polizei
zu erstatten. Möglicherweise sind mehrere Anzeigen notwendig, um
Verantwortliche beim Jugendamt oder den entsprechenden Institutionen darauf aufmerksam zu machen, dass die Erziehungsberechtigten
eines bestimmten Kindes offensichtlich nicht in der Lage sind, dem
Kind angemessene Grenzen zu setzen und genügend Zuwendung zu
geben.

Da wir ja wissen, dass Täter in der Regel selber eine Geschichte als
Opfer haben, befürchten viele Eltern, dass eine solche Intervention
bei den Erziehungsberechtigten eines Täters dazu führt, dass dieses
Kind möglicherweise geprügelt oder anderweitig Gewalt ausgesetzt
wird. Leider ist diese Befürchtung oft berechtigt. Aber auch hier gilt:
Wer wahrnimmt, dass ein Kind Opfer von Gewalt durch die eigenen
Erzieher ist, und nicht einschreitet, beteiligt sich an der Fortsetzung
der Gewalt. Wenn Erwachsene wissen, dass Kinder von möglicherweise überforderten oder alkoholabhängigen Erziehungsberechtigten
verbal oder körperlich missbraucht werden, sollten sie einschreiten.
Ein Telefongespräch mit der zuständigen Stelle (Jugendamt, Schule,
Polizei) kann wichtige Impulse geben, selbst wenn man den Namen
des mutmaßlichen Täters nicht preisgeben möchte. Und auch wenn
man Anzeige erstattet, gilt, dass es (meistens verständlicherweise)
nicht immer das erste Telefonat ist, das eine Reaktion vonseiten des
Jugendamtes bzw. ähnlicher Instanzen hervorruft. Doch steter Trop-
fen höhlt den Stein. Und die Wahrscheinlichkeit, dass ein Kind die
Hilfe bekommt, die es braucht, ist umso höher, je früher und deutlicher andere Erwachsene einschreiten.

Es mag für viele Dinge im Leben gelten, dass sie von alleine ver-
schwinden, wenn man sie nur lange genug ignoriert – für Gewalt
stimmt dieser Satz mit Sicherheit nicht. Im Gegenteil: Viele Kinder,
die gewalttätig sind, schreien verzweifelt um Aufmerksamkeit und se-

hen keine andere Möglichkeit, sich in ihrer Not bemerkbar zu machen, als durch weitere, brutalere Gewalt.

Um Hilfe bitten will gelernt sein

Wenn ein Kind in eine schwierige Situation kommt, muss es entscheiden können, wem es trauen kann – und dann auch den Mut haben, diese Person anzusprechen. Das sollte vorher geübt worden sein. So ist es z.B. hilfreich, wenn die Eltern prinzipiell nicht für das Kind antworten, wenn es von anderen Erwachsenen angesprochen wird. Indem die Eltern für das Kind antworten, vermitteln sie deutlich: „Du kannst noch nicht selber mit Erwachsenen reden, es ist peinlich …"

Das Kind sollte ermutigt werden, zu sagen, was es gerne möchte. Sympathie erwerben ist eine erlernbare Fähigkeit (s.o., S. 38f).

Kleinere Übungen (z.B. einen Polizisten um die Uhrzeit fragen, den Lehrer um ein Gespräch nach der Unterrichtsstunde bitten, den Verkäufer im Laden ansprechen) helfen bei der Entwicklung dieser Fähigkeiten.

Manche Eltern schaden ihrem Kind, indem sie – mit den besten Absichten für den Schutz des Kindes – alle Erwachsenen als potenzielle Täter behandeln. Kinder müssen natürlich lernen, skeptisch zu sein, wenn ein Fremder den Kontakt zu ihnen sucht. Allerdings ist die Lage ganz anders, wenn das Kind den Kontakt zum Erwachsenen aktiv herbeiführt. Die Chance, bei dem 50-jährigen Ehepaar, das gerade aus der Bäckerei kommt, an gefährliche Kinderschänder zu geraten, ist doch recht gering.

Wir sollten Kindern vermitteln: im Zweifelsfall immer einen Erwachsenen ansprechen und um Hilfe bitten, aber Annäherungsversuche von Fremden klar und bestimmt ablehnen, weglaufen und – in Gefahr – so laut wie möglich um Hilfe schreien.

Üben Sie mit kleineren Kindern solche Situationen im Rollenspiel! Die wichtigste Hilfe in Gefahrensituationen ist die Polizei. Machen Sie Kindern niemals Angst vor der Polizei („Wenn du böse bist, kommt die Polizei"), denn das hindert Kinder daran, sich an die Polizei zu wenden, wenn es nötig ist.

Kapitel 4

Cool bleiben im Konflikt: Stressbewältigung für Kinder

Natürlich wäre der einfachste Weg, Kinder vor Gewalt zu schützen, wenn man verhindern könnte, dass es Täter gibt. Diesem Bemühen widmen sich spätere Kapitel dieses Buches. Doch, wie bereits beschrieben, führt auch die „normale" kindliche Aggression weit unterhalb des Niveaus der „Gewalttäterschaft" gelegentlich zu Kontrollverlusten.

Niemand wird bestreiten, dass ein gewisses Maß an Aggressivität sicherlich auch bei seelisch gesunden Kindern zum Alltag gehört, besonders in der Auseinandersetzung mit anderen Kindern und Geschwistern. Und Studien zeigen, dass solche „normalen" Auseinandersetzungen die Konfliktfähigkeit des späteren Erwachsenen positiv beeinflussen, dass mehr Selbstbewusstsein und höhere soziale Kompetenz entstehen.

Es gibt jedoch auch immer mehr Kinder, die überdurchschnittlich schnell gereizt reagieren und den Stress eines Konfliktes nicht gut bewältigen. Diese Kinder werden häufiger Opfer der Aggression anderer und reagieren daher bereits im Vorfeld ängstlicher, aggressiver und erregter, wenn ein Konflikt am Horizont auftaucht. So kann es schneller zu Eskalationen kommen.

Hier geht es also nicht um gewalttätige Kinder, die bewusst die Prügelei suchen oder provozieren, sondern um Kinder, die in einem emotionalen Konflikt zu schnell die Selbstbeherrschung verlieren und dann übermäßig aggressiv werden. „Eigentlich ist er kein böses Kind, aber er rastet einfach aus, manchmal bei winzigen Anlässen …" Was spielt sich dabei ab?

Bewegungsmangel und Stress

Konfliktsituationen sind Stress, und Stress ist zuallererst eine körperliche Reaktion, bei der im Körper verschiedene Hormone freigesetzt werden, durch die eine Menge biologischer Prozesse in Gang kommen. Stresssituationen lösen nach Erkenntnissen der wissenschaftlichen Psychologie eine sogenannte „Flucht-oder-Kampf"-Reaktion hervor, bei der der Botenstoff Adrenalin eine zentrale Rolle spielt. Wenn in einer Konfliktsituation ein bestimmtes Stressniveau überschritten wird, setzt diese Reaktion ein. Dabei sorgt das Adrenalin dafür, dass innerhalb von Sekundenbruchteilen eine körperliche Kettenreaktion ausgelöst wird, die dazu geeignet ist, das Überleben in einer Kampfsituation zu gewährleisten.

So wird z.B. die Durchblutung der Haut durch ein Zusammenziehen der feinen äußeren Blutgefäße eingeschränkt, damit bei einer eventuellen Verletzung weniger starke Blutungen eintreten (mit dem unangenehmen Nebeneffekt, dass wir in Stresssituationen kalte Hände und Füße bekommen). Die Handinnenfläche beginnt zu schwitzen und wird durch die Feuchtigkeit zäh und lederig, was dazu führt, dass sie um ein Vielfaches reißfester wird als die trockene Haut entspannter Hände – sehr hilfreich, wenn man auf der Flucht vor einem Gegner auf einen Baum klettern muss. Schweißperlen, die sich auf der Stirn bilden, tragen dazu bei, dass ein Gegner, der versucht, den Haarschopf zu ergreifen, abrutscht. Der Betroffene erlebt eine subjektive Atemnot, die ihn tiefer und schneller atmen lässt. Das senkt den CO_2 Spiegel im Blut, was dazu führt, dass eine große körperliche Anstrengung, wie z.B. Wegrennen oder Kämpfen, länger durchgehalten werden kann. Die Leber wird durch Adrenalin angeregt, Zuckerreserven freizugeben. Die Skelettmuskulatur wird optimal durchblutet, damit ein Maximum an Kraft zur Verfügung steht. Dieses Blut fehlt deshalb bei den inneren Organen wie Niere, Leber, Milz und in der Verdauung, wo es aber in einer Kampfsituation nicht unbedingt benötigt wird.

Vielleicht die wichtigste Veränderung, die durch Adrenalin bewirkt wird, geschieht jedoch im Gehirn: Dort wird unter dem Einfluss von Adrenalin der Aufmerksamkeitsfilter, der uns normalerweise vor einer Überflutung durch äußere Eindrücke schützt und so Konzentrationsfähigkeit und rational geordnetes Denken ermöglicht, ausgeschaltet. In einer Kampf- oder Fluchtsituation ist es für das Gehirn wichtig, keine Umweltreize zu übersehen (was durchaus sinnvoll erscheint, wenn man z.B. daran denkt, dass es einem Menschen im Kampfgetümmel das Leben retten könnte, wenn er seine Augen und Ohren „überall" hätte). Der Nachteil dieser ungefilterten Wahrnehmung äußerer Reize ist der, dass der einzelne Reiz nicht wirklich verarbeitet wird. So kann es z.B. dazu kommen, dass ein Kind in einer akuten Stresssituation die Beschwichtigungsversuche des Erwachsenen tatsächlich nicht wahrnimmt oder gar nicht mitbekommt, dass er dem Gegner einen echten Schaden zufügt. Eltern beschreiben solche Kampfsituationen oft völlig zu Recht als „blinde Wut": Der Kämpfende ist so „überflutet" von Sinneswahrnehmungen, die ungefiltert die Großhirnrinde bombardieren, dass keiner dieser Eindrücke mehr richtig verarbeitet werden kann.

Diese Stressreaktion kann auch in anderen Panik- oder Angstsituationen ablaufen und dann eventuell zu einer Blockade oder Lähmung führen, bewirkt aber in einer Kampfsituation in der Regel, dass ein Kontrollverlust stattfindet. Kinder, die häufiger einen solchen Kontrollverlust erleben, provozieren damit natürlich Racheakte und werden auf diese Art und Weise wiederum zum Opfer von Gewalt und dadurch zunehmend gegenüber Gewalt desensibilisiert, d.h., sie erleben sowohl die Gewalt, die sie ausüben, als auch die, die sie selber erleben, immer mehr als eine Art Normalzustand, wobei innere Hemmschwellen abgebaut werden.

Die Bereitschaft des Körpers, in einer Stresssituation mit Panik zu reagieren und daher unkontrollierbar zu werden, ist nicht nur eine Eigenschaft der Persönlichkeit, sondern wird von anderen Faktoren stark beeinflusst. Insbesondere hat diese Reaktion einen sehr deutlichen Bezug zur Bewegungsarmut. So zeigen Untersuchungen, dass, auch unabhängig von der Qualität der Programme, die ein Kind im Fernsehen sieht, die Zeit, die es am Tag sitzend vor dem TV verbringt, mit hoher Wahrscheinlichkeit in einer direkten Beziehung zu seiner Aggressionsbereitschaft steht. Wenn noch dazukommt, dass das Fernsehprogramm sehr spannend ist, verstärkt sich dieser Effekt. Spannung baut Adrenalin auf, aber nicht wieder ab. Auch körperliche Bewegung baut Adrenalin auf – aber eben auch wieder ab. Der Körper „lernt" daher durch Bewegung, wie Erregung gut verarbeitet werden kann. Kinder, die sich zu wenig bewegen, reagieren übersensibel auf den Adrenalinstoß einer Konfliktsituation und brauchen dadurch erheblich weniger Anreiz, um unkontrollierbar zu reagieren. Bei ausreichend großer Panik würde jedes Kind – übrigens auch jeder Erwachsene – gedankenlos um sich schlagen oder ähnlich „verrückt" reagieren. Für Kinder, die unter Bewegungsarmut leiden, ist diese Schwelle in der Regel entsprechend niedrig. So zeigt sich sogar bei Ratten, die in ihrem Käfig genügend Möglichkeiten der Bewegung haben, dass sie in Anspannungssituationen deutlich weniger panisch und aggressiv reagieren. Auch Blutuntersuchungen zeigen, dass sie gegenüber ihren bewegungsarmen Leidensgenossen im Rattenlabor deutlich weniger Adrenalin ausstoßen.

Für die weitaus große Mehrzahl aller Kinder mit einem Aggressionsproblem ist die Möglichkeit körperlicher Bewegung eine echte Hilfe. Dabei ist wichtig, Folgendes zu beachten:

1. Sportarten, die aufgrund ihres Wettbewerbscharakters Aggressivität fördern, sind zwar gut für den Körper, aber nicht für aggressive Kinder geeignet. Ein Fußballtraining, bei dem ein erwachsener Trainer dafür sorgt, dass keine Fouls stattfinden, kann also sehr hilfreich sein, wogegen ein „wildes Herumgebolze" genau den gegenteiligen Effekt hat. Je wichtiger es bei einer Sportart ist, dass jemand „siegt", desto ungeeigneter ist sie zur Aggressionsbewältigung.

2. Die körperliche Bewegung sollte nicht zu einer übermäßigen Verausgabung führen. Körperliche Erschöpfung, wie sie im Leistungssport üblich ist, löst die Produktion von Stresshormonen aus. Leistungssport ist daher nicht geeignet, seelischen Stress abzubauen, sondern trägt eher zu einem erhöhten Stressniveau und damit zu mehr Aggressivität und Gereiztheit bei. Außerdem unterdrückt er das Immunsystem und ist daher auch der Gesundheit nicht zuträglich.

3. Sportarten, bei denen Körperbeherrschung und Selbstwahrnehmung gefördert werden, sind in der Regel besonders günstig, um aggressives Verhalten einzudämmen. Dazu gehören alle Sportarten, bei denen es in besonderer Weise um ein gutes

Gleichgewichtsgefühl geht (z.B. Inlineskaten, Schlittschuh-laufen, Fahrradfahren), und die sogenannten „Kampfsportar-ten", bei denen Selbstbeherrschung das oberste Gebot ist.

Andere Hilfen zur Körperwahrnehmung

Neben der sportlichen Betätigung ist es für viele Kinder sehr förder-lich, Bewegungsabläufe zu erleben, die ihre Körperwahrnehmung und ihr Körperempfinden stärken. Dazu gehört alles, was zur Stimulation des Gleichgewichtssystems anregt, wie z.b. schaukeln, in einer Hän-gematte hin und her schwingen oder auf etwas klettern. Je besser die Körperwahrnehmung eines Kindes ist, desto eher nimmt es die eigene Erregung wahr und kann sich in einer Konfliktsituation auf die Situa-tion einstellen und Selbstberuhigungsprozesse starten. Ein wichtiges Element, um gute Körperwahrnehmung zu erlernen, ist, andere zu be-rühren und berührt zu werden. Natürlich gehört dazu die liebevolle Umarmung, aber möglicherweise auch das Festhalten bei einem Wut-ausbruch, ebenso wie eine abendliche, beruhigende Rückenmassage oder der Kontakt zu einem Haustier, wie z.B. einem Hund. Es ist ver-blüffend zu beobachten, wie positiv manche aggressiven Kinder auf Berührung reagieren, und legt den Verdacht nahe, dass viele Kinder, die sich verzweifelt nach Nähe sehnen, diese schließlich in der einzi-gen Form von Berührung finden, die sie kennen: in einer Prügelei. Möglicherweise ist es für ein Kind besser, geschlagen zu werden, als gar keine Berührung zu erleben.

Musik und Entspannung

Eine weitere hervorragende Hilfe zur Stressbewältigung stellt die Mu-sik dar. Dabei spielt die Entwicklung eines guten Rhythmusgefühls wahrscheinlich für die Stressbewältigung eine wichtigere Rolle als die Art der Harmonien bzw. Disharmonien. Ein schneller Rhythmus wirkt anregend, ein langsamer beruhigend – egal, ob es sich um Bach oder Hip-Hop handelt.

Leider wird die Zahl der Kinder, die selber Musikinstrumente ler-nen und auch zu Hause musizieren, immer geringer. Und obwohl die

Schule zunehmend unter den Folgen unsozialer Verhaltensmuster leidet, werden fatalerweise Fächer wie Musikerziehung und Kunst, die zu Sensibilität und Kreativität anregen, bei Finanzproblemen als erste gestrichen. Kunst- und Musikerziehung haben einen deutlich nachweisbaren Effekt auf das gesamte soziale Klima, insbesondere auf aggressive Kinder.

Eine besonders positive Bedeutung bei der Aggressionsbewältigung und beim Stressabbau hat das von vielen Eltern aus guten Gründen nicht besonders geschätzte Schlagzeugspielen. Dabei geht es nicht um das Abreagieren von Wutgefühlen. Im Gegenteil: Schlagzeugunterricht lehrt den genau kontrollierten Umgang mit körperlicher Bewegung, ein Gespür für Rhythmus, Schnelligkeit und den sanften Einsatz der eigenen Kraft.

Neben dem Musikmachen kann auch das Musikhören eine beruhigende Wirkung auf Kinder wie Erwachsene haben und dabei Stress abbauen. Wenn – nach Wilhelm Busch – „Musik als störend wird empfunden, weil sie mit Geräusch verbunden", dann sind Kopfhörer nur bedingt hilfreich, nämlich nur, solange sie nicht dazu verleiten, zu laut zu hören und damit Stress erzeugenden Schalldruck zu erreichen.

Neben der Musik gibt es auch noch andere Möglichkeiten der Entspannung, von der einfachen Anweisung „Setz dich bequem hin, atme ruhig durch und entspann dich" bis hin zu strukturierten und bewährten Trainingsprogrammen.

Entspannungstraining

Die sogenannte Progressive Muskelentspannung nach Jacobsen kann mit Musik auch bei Kindern erfolgreich eingesetzt werden, wenn die Musik altersgemäß ausgewählt wird. Wichtig ist ein ruhiger, etwa im Sekundentakt laufender, langsamer Rhythmus. Anleitungen zur Progressiven Muskelentspannung findet man in der psychologischen Fachliteratur auf CDs oder Kassetten und auch mit christlicher Musik zur Entspannung. Spezielle Angebote für Kinder und Teenager sind meines Wissens nicht auf dem Markt, dafür ändert sich deren Geschmack vielleicht zu schnell. Eine Entspannungskassette mit Musik nach eigenem Geschmack selbst herzustellen, ist aber nicht sehr schwierig. Einen Anleitungstext, eine Stoppuhr, eine beruhigende Stimme und die Möglichkeit, ein Mikrofon zusammen mit einer Musikquelle zu mischen, ist alles, was man braucht.

In der psychotherapeutischen Praxis werden sehr gute Erfahrungen mit dem sogenannten Autogenen Training gemacht, das vielerorts auch für Kinder angeboten wird. Entgegen einigen zum Teil durch Missverständnisse und Fehlinformation bedingten Gerüchten, die in christlichen Gemeinschaften immer wieder auftauchen, ist Autogenes Training ein wissenschaftlich begründetes, aus der Schulmedizin stammendes Verfahren, welches weltanschaulich neutral ist und schon gar keinen östlich-religiösen oder gar okkulten Inhalt hat. Im Gegensatz zu manchen anderen Meditations-, Entspannungs- und körperorientierten Programmen, die einer weltanschaulichen Prüfung nicht ohne Weiteres standhalten können, ist das Entspannen durch Autogenes Training völlig unverfänglich.

Seelische Aspekte von Stress und Stressbewältigung

Neben dem körperlich empfundenen Stress und den auf den Körper zielenden Hilfen zur Stressbewältigung gibt es natürlich auch seelische Belastungen, die bei Kindern starke innere Spannungen auslösen, zu Ängsten führen und damit auch Aggressionen auslösen können. Drei Problemfelder sollen kurz skizziert werden:

Leistungsdruck

Unangemessener Leistungsdruck, z.B. durch eine verfrühte Einschulung oder eine der Begabung des Kindes nicht angemessene Schulform, löst bei vielen Kindern innere Spannung und ständige Stresszustände aus. Die Erfahrung, den Erwartungen der Eltern nicht genügen zu können, schwächt das Selbstwertgefühl des Kindes. Oft sind es überbesorgte Eltern, denen die schulische Laufbahn alles bedeutet. Zum Glück ist jedoch im Vergleich zu früher das heutige Bildungssystem durchlässiger geworden, die Möglichkeit, auf bereits bestehende Ausbildungen aufzubauen, ist fast immer gegeben, und ein einmal eingeschlagener Weg legt einen jungen Menschen nicht für alle Zeiten fest. Die Erfahrung in einem zuerst erlernten praktischen Beruf ist außerdem fast immer ein Karrierevorteil. Besonders für Jungen ist die Überforderung in einer nicht angemessenen Schulform häufig mit erheblichen Störungen im späteren Berufsleben verbunden.

Dass Leistungsdruck nicht nur auf die Schule begrenzt ist, sondern auch die Freizeit bestimmt, sieht man an den Terminkalendern mancher Kinder: Musikunterricht, Reiten, Jungschar, Ballett ... machen ein spontanes, kindliches Spielen mit Freunden unmöglich. Gesund ist das nicht.

Krisenzeiten

Ob durch einen Umzug bedingt ein neuer Freundeskreis aufgebaut werden muss (und der Verlust des alten betrauert wird) oder der Hund unter ein Auto kam: Kinder erleben, wie Erwachsene, vieles, das sie nach und nach verarbeiten müssen. Im direkten zeitlichen Zusammenhang mit solchen Ereignissen reagieren viele Kinder aggressiv und reizbar. Da ihnen – anders als den Erwachsenen – das Äußern von Gefühlen durch Sprache nur begrenzt möglich ist, stehen andere Wege der Verarbeitung im Vordergrund. Die Sprache des Kindes ist in erster Linie das Spiel, insbesondere das Rollenspiel mit Autos, Puppen, Tierfiguren usw. So können innere Konflikte ausgedrückt und bewältigt werden. Wenn das gelingen soll, darf der Fernseher nicht zu viel Konkurrenz machen.

Jedes kreative Handeln hilft bei der Bewältigung von schwierigen Lebensereignissen: malen, Gedichte schreiben, musizieren, tanzen, basteln, werkeln ...

Oft ist eine Spieltherapie, die unter fachkundiger Anleitung die Möglichkeiten zur kreativen Selbstöffnung bietet, eine sehr gute Möglichkeit, Kindern zu helfen, die Krisen nicht allein bewältigen können.

Spannungen in der Familie

In Kapitel 2 wurde bereits beschrieben, dass familiäre Spannungen bei Kindern häufig große Ängste auslösen, die dann oft aggressiv ausagiert werden. Das Kind wird zwar als „anormal" beschrieben, reagiert aber im Grunde normal auf anormale Herausforderungen. Die Hintergründe und Ursachen der Spannungen sind den Eltern oft selbst nicht bewusst. Daher ist es in der Regel ratsam und meistens auch erfolgreich, wenn die Störung bei einem Kind als eine Störung des sozialen Netzwerkes, in dem dieses Kind lebt, verstanden wird. Das kann aber nur jemand leisten, der selber außerhalb dieses Beziehungssystems steht. Daher ist es wichtig, dass entsprechende Hilfe von außen gesucht wird, z.B. in der Schulberatung, Familienberatung oder Erziehungsberatung. Für viele Eltern ist der Weg in eine Beratungsstelle mit Scham verbunden – völlig zu Unrecht. Die Bereitschaft, die eigenen Probleme mit einer anderen Person zu besprechen, zeigt in der Regel ein viel höheres Maß an Verantwortung und seelischer Reife als die „Hauptsache-die-gute-Fassade-stimmt"-Reaktion. Abgesehen davon funktioniert Letzteres meistens nicht besonders gut.

Kapitel 5

Gewalt wird gelernt, Selbstsicherheit auch. Aber wie?

Gewaltbereitschaft ist nicht angeboren, sondern wird gelernt. Körperliche Veranlagungen können zu Aggressivität, mangelnder Impulskontrolle und anderen verwandten Aspekten beitragen, aber sie erklären nicht, warum ein Mensch gewalttätig wird. Aggression ist kein „Trieb", und aggressives Verhalten folgt daher den Regeln der Lerntheorie, anders als z.B. der Hunger oder andere angeborene „Triebe".

Wenn man von Lernen spricht, denken die meisten Menschen an Schule oder Bücher. Vokabeln oder Klavierspielen wird gelernt, in der Regel, indem man sich bewusst mit diesen Dingen befasst und auf ein Lernziel hinarbeitet. In diesem Sinne wird Gewalt sicherlich nicht gelernt, aber die Prozesse des Lernens an sich sind die gleichen.

Was ist Lernen überhaupt? In der Lernpsychologie definiert man Lernen als „überdauernde Verhaltensänderung aufgrund von Erfahrung". Beim Lernen geht es also nicht darum, ob sich „im Kopf" etwas abspielt, was keiner wirklich beobachten kann, sondern immer darum, wie das Handeln (Verhalten) sich ändert. In diesem Sinne bedeutet „Vokabeln lernen" nicht, dass man sie irgendwie „intus hat", sondern dass man sie – z.B. in einem Test – wiedergeben kann. Natürlich vergisst man mit der Zeit das eine oder andere, aber selbst da zeigt sich, dass früher Erlerntes schneller wieder „da" ist als noch nie Gewusstes. Die nach 20 Jahren „vergessenen" Lateinvokabeln sind also nicht „weg", sondern nur nicht mehr direkt abrufbar, sonst wäre ja nicht zu erklären, wieso „Wiederlernen" schneller geht als „Neulernen".

Es ist allerdings möglich, ein erlerntes Verhalten durch ein anderes zu ersetzen. Wenn man auch „Auto fahren" nicht verlernen kann, wenn man es einmal richtig konnte, so kann man sich doch relativ schnell auf ein Automatikgetriebe umstellen. Anfänglich wird man vielleicht versuchen, die Kupplung zu treten, wo keine mehr ist, aber nach einiger Zeit hört man damit auf. Wenn man später wieder zum Standardgetriebe wechselt, wird man dafür den Wagen ein paarmal abwürgen. Wenn man zwei Autos hat, eines standard- und eines automatikgetrieben, kann man recht schnell lernen, ohne Probleme mit beiden zu fahren.

Genauso ist es mit dem Gewaltverhalten: Wenn man gelernt hat, in bestimmten Situationen aggressiv zu reagieren, wird man das automatisch tun. So lange, bis man gelernt hat, in diesen Situationen anders zu handeln. Wobei „anders handeln" manchmal – selten – „nichts tun" heißt, meistens aber „etwas anderes tun". Das erwünschte Alternativverhalten zu Aggression heißt „Selbstsicherheit". Und man kann – wie bei zwei verschiedenen Autos – durchaus in einer Situation aggressiv reagieren, in einer anderen selbstsicher, je nachdem, was in diesen Situationen besser funktioniert. Ein Kind ist also in der Regel nicht pauschal gewalttätig, sondern es gibt Auslöser, die mit Gewalthandlungen beantwortet werden. Allerdings werden solche Auslöser „generalisiert", sodass – falls nichts anderes passiert – immer mehr Situationen aggressiv „bewältigt" werden. Es ist aber auch durchaus möglich, dass ein Kind sich in einer Situation zahm wie ein Lamm verhält, in einer anderen dagegen den Wolf spielt. Viele Erwachsene kennen das von sich selbst: Auf der Autobahn benutzen sie ein etwas anderes Vokabular im Umgang mit anderen Fahrern als im Kirchenfoyer nach einem Gottesdienst.

Daraus ergibt sich, dass man eigentlich nicht zu Hause lernen kann, wie man in der Schule selbstsicher reagiert. Ebenso, wie man nicht im Bus Klavier lernen kann, mal abgesehen vom „mentalen Training", bei dem man sich das Klavierspiel intensiv vorstellt. Man kann allerdings zu Hause Verträge über das Verhalten in der Schule abschließen, die dem Kind helfen, dort ein Verhalten zu üben, das dann zu Hause belohnt wird.

Auch auf die Gefahr, mich zu wiederholen: Da Gewalt situationsbezogen gelernt wird, kann man sie auch nicht „abreagieren". Wenn unkontrollierte Aggression in bestimmten Situationen („Hau aufs Kissen!") geübt wird, besteht eine starke Tendenz zur „Generalisierung": Die als lustvoll erlebte Handlung wird auf andere Situationen übertragen, sodass das Verhauen des kleinen Bruders anschließend mit größerer Wahrscheinlichkeit und Hingabe geschieht.

Manchmal sind der guten Dinge vier: unterschiedliche Lernprozesse

Jeder Mensch hat seine Art zu lernen. Das gilt auch für das Erlernen von Gewalt. Manche Lernprozesse geschehen bewusst, die meisten aber, ohne dass man sich des Lernprozesses eigentlich bewusst wird. Lernpsychologen haben vier unterschiedliche Arten des Lernens beschrieben. Hier ein kurzer Überblick, der dann auf das Thema Gewalt bezogen wird.

Wir übernehmen Erfahrungswerte, Wissen, Informationen und natürlich auch Fehlinformationen, die unsere Überzeugungen und inneren Einstellungen beeinflussen. Wir verstehen Zusammenhänge, entwickeln Gedankengänge und ziehen mehr oder weniger logische Folgerungen. Dieses Denken, Wahrnehmen und Interpretieren durch rationale Abläufe bezeichnet man als „Kognitionen" dementsprechend nennt man diese Art des Lernens das „kognitive Lernen" oder auch „Lernen durch Einsicht". Natürlich gibt es vieles, was man auf diese Art nicht lernen kann. Es ist nicht hilfreich, einem Kind in einem Vortrag zu erklären, wie man Fahrrad fährt. Dennoch verlassen wir uns darauf, dass neue Informationen uns helfen, neue Verhaltensweisen zu lernen. Schließlich lesen Sie gerade ein Buch und erwarten zu Recht, dass Ihnen das im Alltag hilft. Der Mensch ist das einzige Lebewesen, das durch die Sprache die Möglichkeit hat, Wissen weiterzugeben und kognitives Lernen zu praktizieren.

Eine zweite, ganz andere Art des Lernens ist die durch Vorbilder, von denen wir uns abgucken, wie man etwas macht: „Lernen am Modell", „Soziales Lernen" oder „Lernen durch Imitation". Auch hier gibt es Einschränkungen: Mathematik lernt man sicherlich nicht in erster Linie durch das Beobachten begabter Mathematiker, aber die eigene Mundart hat man sicherlich durch Imitation erworben. Soziales Lernen gibt es auch bei einigen höher entwickelten Tieren wie z.B. Affen oder Hühnern, aber die meisten Tiere sind dazu nicht in der Lage. Selbst die „intelligenten" Hunde können sich nichts „abgucken".

Während die ersten beiden Arten des Lernens eine relativ hoch entwickelte Intelligenz erfordern, sind die beiden folgenden Arten auch im Tierreich verbreitet. Es gibt sogar Einzeller, bei denen bestimmte

Prozesse durch Lernerfahrung beeinflusst werden können. Diese Arten des Lernens laufen unbewusst ab, und auch wenn sie sich durch die Auswahl bestimmter Situationen oder die Konsequenzen von Verhalten beeinflussen lassen, kann man sich gegen diese Lernprozesse nicht „wehren". Sie laufen automatisch ab.

Die dritte Form des Lernens ist das sogenannte „klassische Konditionieren". Nehmen wir einmal an, Sie lesen diesen Text, während Sie im Urlaub in einem Liegestuhl am Strand liegen. Unweigerlich wäre dieses Buch für Sie mit diesem Urlaub verbunden, auch wenn es in diesem Buch nicht um Urlaub geht und in Ihrem Urlaub Gewalt hoffentlich kein aktuelles Thema ist. Der Geruch von Bohnerwachs löst wahrscheinlich ebenso unweigerlich Empfindungen aus, die an Behördengänge, Schule oder andere „Bohnerwachserlebnisse" anknüpfen. Die emotionale Bedeutung, die ein x-beliebiger Reiz gewinnt, hängt eben von bestimmten Vorerfahrungen ab.

Die vierte und letzte Form des Lernens, das „operante Konditionieren", „Lernen durch Verstärkung" oder manchmal etwas vereinfacht „Lernen durch Versuch und Irrtum" genannt wird, ergibt sich dadurch, dass ein beliebiges Verhalten keine angenehmen oder unangenehmen Konsequenzen haben kann. Hier geht es allerdings nicht um irgendwelche „Spätfolgen", die beim „Lernen durch Einsicht" Bedeutung gewinnen können, sondern um die direkten Folgen. Beim Klavierüben oder Fahrradfahren spielt diese Form des Lernens die zentrale Rolle: Ein falsches Verhalten führt unmittelbar zu unerwünschten Ergebnissen, das richtige dagegen zu sofortigem Erfolg (der Ton klingt richtig bzw. das Fahrrad fährt). Diese Erfolge und Misserfolge nennt man daher „Verstärker", weil sie diesen Effekt auf das Tun oder Lassen des vorhergehenden Verhaltens haben.

Gewalt beginnt im Kopf: Einsichten und Ansichten

Menschen können vielleicht vieles ertragen, doch eines mögen sie überhaupt nicht: wenn ihr Verhalten mit den eigenen Überzeugungen nicht übereinstimmt. Dieses Phänomen nennt die Psychologie „kognitive Dissonanz". Um sie aufzulösen, gibt es zwei Möglichkeiten: Ich kann mich meinen Überzeugungen gemäß verhalten oder meine

Überzeugungen ändern. Allerdings können wir uns nicht von etwas überzeugen, was unserer persönlichen Logik widerspricht. Wenn ich mich also für einen „netten Kerl" halte, kann ich mich nicht als „Ekelpaket" verhalten, ohne eine erhebliche „kognitive Dissonanz" zu erleben, die mir sehr unangenehm ist. Also werde ich Überzeugungen entwickeln, die erklären können, warum es gar nicht schlimm ist, wenn ein netter Kerl wie ich in dieser besonderen Situation so handelt, wie ich handle.

Überzeugungen dienen oft dazu, die eigenen Defizite zu erklären. Ein Kind, das nicht gelernt hat, selbstsicher Konflikte auszutragen, reagiert also vielleicht aggressiv (weil es gar nichts anderes kann). Das führt zur kognitiven Dissonanz und damit zu einer Frustration, die dieses Kind motivieren könnte, an besseren selbstsicheren Fähigkeiten zu arbeiten. Die andere, manchmal einfachere Möglichkeit ist, Überzeugungen zu entwickeln, die ihm selber logisch erscheinen und seine Verhaltensweisen erklären. Dann kann es so bleiben, wie es ist. Hier sind einige Beispiele für solche Fehlüberzeugungen und Hinweise auf das, was sie fördert oder entkräftet.

„Ich bin eh schlecht"

Eine wirkungsvolle, aber schädigende Möglichkeit, die kognitive Dissonanz abzubauen, ist die zu glauben, dass man „böse" sei. Das wird nicht wenigen Kindern durch ihre Erzieher vermittelt. Es geht hierbei nicht um die Frage eines biblischen Menschenbildes und ob der Mensch gefallen und daher erlösungsbedürftig sei, sondern um die Frage: Passt es zu mir, wenn ich Unrecht tue? Ist mein Selbstkonzept (also die Überzeugungen, die ich von mir habe) positiv? („Ich bin ein wertvoller Mensch und in der Lage, mit anderen Menschen gut auszukommen.") Oder glaube ich, dass ich ein schlechter Mensch bin?

Wir ahnen den Teufelskreis: Wer sich für schlecht hält, handelt aggressiv und bekommt dann umso mehr vermittelt, schlecht zu sein. Wer das oft genug hört, wird es schließlich glauben. Womit der Kreis von vorne beginnt.

Es ist daher pädagogisch falsch, einem Kind direkt oder indirekt zu vermitteln, sein Charakter sei der Grund seines Verhaltens. („Du bist faul, unordentlich, böse …") Im Gegenteil muss es heißen: „Du hast doch Freude daran, wenn etwas gelingt." Oder: „Du bist doch gerne ein guter Freund". Übrigens, auch die Bibel redet mit uns so: Ethisches Verhalten wird mit dem begründet, wer wir sind: „Wisst ihr nicht, dass euer Leib ein Tempel des Heiligen Geistes ist?", oder: „Ihr seid doch ein Brief Christi ..." – also verhaltet euch auch so! Werde, was du eigentlich bist! Nicht: Ihr solltet dies oder das sein, also strengt euch an, es zu werden!

Kinder brauchen klar vermittelte Werte, aber keine Wertungen ihrer Person. Wenn Erzieher nicht zwischen Wertungen und Werten unterscheiden, tragen sie dazu bei, dass falsche Selbstkonzepte dazu führen, dass Kinder die Werte, die ihnen vermittelt werden, nicht umsetzen können.

„Es gibt gute und böse Gewalt – meine ist gut"

„Das geschieht dem doch ganz recht, dass ich ihn verhauen habe ... schließlich hat er angefangen ..." Es ist Kindern ganz wichtig, an ihr eigenes Recht zu glauben. Um gewalttätig zu sein, müssen sie sich entweder für schlecht halten (s.o.) oder glauben, ihre Gewalt sei moralisch gerechtfertigt. Leider wird ihnen von der Erwachsenenwelt, Gesellschaft und Politik ja auch nahegelegt, dass es gute und schlechte Gewalt gibt. Hier gilt es, ein Gegengewicht zu setzen: Auch wenn man unter Umständen von „notwendiger Gewalt" sprechen kann – „gut" ist sie niemals. Und „recht" auch nicht. Egal, aus welchen politischen Gründen Kriege geführt werden, die verstümmelten und getöteten Opfer beider Seiten haben das nicht verdient. Ihnen geschieht immer Unrecht.

Die theologische Auseinandersetzung mit der ethischen Frage von Krieg und staatlicher Gewalt füllt ganze Bibliotheken. Viele Kriege wurden im Namen Gottes geführt und viel Kriegsdienst in Gottes Namen verweigert. Der Anspruch, diese Frage zu klären, wäre im Rahmen dieses Buches lächerlich, doch Eltern, die ihren Kindern christliche Werte vermitteln wollen, müssen sich mit ihr beschäftigen. Dass staatliche Gewalt im Rahmen göttlicher Ordnungen ihre Berechtigung haben kann, sieht die Bibel nämlich durchaus: „Denn sie ist Gottes Dienerin dir zugut. Tust du aber Böses, so fürchte dich; denn sie trägt das Schwert nicht umsonst" (Römer 13,14). Allerdings ist damit nicht jede staatliche Gewalt automatisch gerechtfertigt. Selbstjustiz ist in keinem Fall biblisch begründbar. Die Verhaftung Jesu war sicherlich unrecht, doch Jesus wird sehr deutlich, als Petrus dieses Unrecht mit Gewalt verhindern will: „Da sprach Jesus zu ihm: Stecke dein Schwert an seinen Ort! Denn wer das Schwert nimmt, der soll durchs Schwert umkommen" (Matthäus 26,52).

Das heißt: Gewalt ist niemals gut oder richtig, sondern allenfalls dann ethisch begründbar, wenn sie das kleinere Übel darstellt – und diese Entscheidung liegt nicht beim Betroffenen, sondern bei der legitimen „Obrigkeit".

Auch unterhalb der Ebene staatlicher Gewalt gibt es in der Welt der Kinder und Jugendlichen sehr viel „gute" Gewalt. Bei vielen Filmen und Computerspielen werden die Sympathien der Zuschauer auf gewalttätige Helden gelenkt. Die Bewertung von Gewalt als „gut" beschränkt sich nicht nur auf Fiktion, sondern auch auf Ereignisse, die wir z.B. in den Nachrichten sehen.

Auch diese Sendungen haben einen Einfluss auf die Überzeugungen, die Jugendliche entwickeln. Klar: Man kann sich diesen Einflüssen nicht insgesamt entziehen (auch wenn man sie begrenzen kann!). Daher ist umso mehr notwendig, klare Positionen zu beziehen und über das „Unrecht Gewalt" unzweideutig zu reden.

„Die haben's ja nicht anders verdient ..."

Eine „kognitive Krücke", die zur Gewaltanwendung berechtigt, gibt den Opfern die – eventuell nur teilweise – Verantwortung für das ihnen geschehene Unrecht. Was im „Dritten Reich" funktionierte („Die Juden sind am Antisemitismus selbst schuld"), wird im Prinzip heute noch benutzt, um Unrecht zu relativieren. Ob eine Frau unterschwellig zu spüren bekommt, dass sie ihre eigene Vergewaltigung wohl auch provoziert haben könnte, oder ob man so tut, als ob es irgendwie verständlich sei, dass Ausländer zusammengeschlagen werden – diese Einstellungen sind nicht nur dumm und nachweislich falsch, sondern gefährlich. Sie geben potenziellen Tätern die geistige Voraussetzung, um ihre Gewalt mit nur minimaler kognitiver Dissonanz auszuführen.

Vorurteile über einzelne Gruppen sind geistige Brandstiftung. Brennende Asylbewerberheime haben ihren Ursprung am Stammtisch. Gewalt gegen Frauen nimmt in frauenfeindlichen Kommentaren ihren Anfang. Gewalt in der Schule hat oft ihren Hintergrund in den häuslichen Tischgesprächen über „Ausländer" und „Deutsche". Dass es „den Ausländer" und „den Deutschen" gar nicht gibt, wird dabei übersehen.

Das beste Mittel gegen Vorurteile ist die persönliche Begegnung. Dass die Regionen mit der geringsten Ausländerquote zugleich die Regionen mit der höchsten Ausländerfeindlichkeit sind, bestätigt diese Beobachtung. Kirchliche Jugendarbeit könnte also auch dazu beitragen, Gewalt zu verhindern, indem Kontakte mit „anderen" gesucht werden, statt den eigenen Stallgeruch zu pflegen.

„Gewalt ist das einzige Mittel, das mir noch bleibt"

Dieser Satz geht davon aus, dass Gewalt zwar nicht gut ist, aber in der Regel zum erwünschten Ziel führt. Kurzfristig betrachtet stimmt das oft: Man kann in einem Streit durch Aggression gewinnen. Wenn der andere, der verloren hat, bei der nächsten Möglichkeit versucht, einen weiteren Streit vom Zaun zu brechen, bestätigt das nur, wie böse er ist … Dass die Sache lediglich in die nächste Runde geht und dabei wahrscheinlich eskaliert, wird uns nicht bewusst.

Vorbilder: was wir uns so abgucken und von wem

Der Verhaltensbereich, der in erster Linie durch „Nachmachen" übernommen wird, ist der gesamte Bereich des Sozialverhaltens, also Sprache, nonverbale Ausdrucksweisen, Kontaktaufnahme, Sitten und Kleidung, aber auch kompliziertere zwischenmenschliche Prozesse wie Selbstbehauptung, Selbstsicherheit und Streitverhalten.

Allerdings dient nicht jeder als Modell. Um als Vorbild herhalten zu können, müssen möglichst zwei Bedingungen erfüllt sein: Man muss sich mit dem Modell identifizieren können und man muss es anerkennen, wenn nicht sogar bewundern.

Diese beiden Bedingungen sind in gewisser Weise gegenläufig: Ein gutes Vorbild muss für kompetenter, fähiger und lebenstüchtiger als die eigene Person gehalten werden – und dabei gleichzeitig erreichbar bleiben. Die Biografie eines besonders begabten Menschen wird daher kaum Einfluss auf das tatsächliche Verhalten eines Lesers haben, weil Otto Normalverbraucher sich mit dieser bewunderten Person nicht identifizieren kann. Ottilie Nachbarin dagegen ist zwar identifikationsfähig, wird aber nicht als überlegen erlebt und ist damit als Modell für eigenes Verhalten uninteressant.

Für ein präpubertäres Kind ist der gleichgeschlechtliche Elternteil deshalb das optimale Modell: „Mein Papa ist super, er kann alles, und ich werde mal genau so wie er", denkt der kleine Sohn. Doch obwohl dieser Papa daher die Person ist, die am besten geeignet wäre, dem Sprössling zu zeigen, wie ein fairer und würdiger Streit ablaufen kann, glaubt er, dass „Streit vor den Kindern" um jeden Preis zu vermeiden sei! Wie in aller Wellt sollen denn Kinder lernen, wie man streitet? Und von wem? Paradoxerweise sind bei Eltern wie diesen die Streitigkeiten, die versehentlich doch in Anwesenheit der Kinder stattfinden, solche, bei denen einer oder beide die Beherrschung verlieren und die sich die Kinder wirklich besser nicht zum Vorbild nehmen sollten. Und natürlich ist es für Kinder traumatisch, wenn sie in den Streit der Eltern hineingezogen werden, in Loyalitätskonflikte geraten oder sich gar für ein Elternteil und gegen das andere entscheiden müssen.

Wenn die Eltern jedoch ein ausreichendes Maß an sozialer Kompetenz haben, ist es für die Kinder durchaus hilfreich, wenn sie die eine oder andere „Verhandlung" zwischen Vater und Mutter miterleben. Nehmen Sie also ruhig einmal ein geeignetes Streitthema, bei dem Sie sich relativ sicher sind, dass der Streit nicht aggressiv eskaliert, mit ins Auto. Sagen Sie den hinten sitzenden Kindern, dass es sie nichts angeht, was Sie vorne zwischen Beifahrer und Fahrerin besprechen (so wird sichergestellt, dass sie auch wirklich gut zuhören), und tragen Sie Ihren Streit aus. Hören Sie dem anderen zu, bemühen Sie sich darum, die Position des anderen zu verstehen, drücken Sie die eigenen Gefühle, Wünsche und Erwartungen klar und deutlich aus, und erreichen Sie einen Kompromiss, der beiden gerecht wird … Die Lektion ist unbezahlbar.

Was die Frage offenlässt, was Eltern tun sollen, deren Streitkultur sehr zu wünschen übrig lässt, weil sie es selber nicht besser gelernt haben. In der Regel sind solche Eltern entweder passiv und vermeiden

Konflikte, oder sie werden aggressiv und erzeugen damit noch mehr Konfliktstoff. Die Antwort liegt nahe: Lernen Sie streiten! Eine Gruppe, in der „soziale Kompetenz" gelernt werden kann, ein Seminar in einer Kirche oder Gemeinde in Ihrer Nähe wird sich finden lassen.

Neben den Eltern sind Jungschar- und Jugendleiter/-innen gute Modelle – ebenfalls vorausgesetzt, sie können selber streiten. Kirchliche Jugendarbeit wie Freizeiten und Mannschaftssport bieten genügend „Übungsmaterial" zum konstruktiven Streiten.

Neben der Frage, wie man zu den erwünschten Modellen kommt, steht natürlich die Frage, wie man den Einfluss unerwünschter Modelle minimieren kann. Schauspieler, berühmte Musiker und andere aus den Medien bekannte Personen sind zwar in der Regel keine geeigneten Modelle, weil sich die Möglichkeiten zur Identifikation mit ihnen in Grenzen halten, doch sollte man ihren Einfluss nicht unterschätzen. Die Bewunderung, die ihnen entgegengebracht wird, kann umso heftiger sein. Wenn diese Idole im wirklichen Leben gewalttätig sind oder zu Drogenkonsum einladen, wird ein Nachahmungseffekt wahrscheinlich. Doch auch inszenierte Darstellungen, wie Musikvideos mit Gewaltszenen, können zur Nachahmung anregen, ebenso Fernsehsendungen mit Heldenkämpfern, insbesondere bei jüngeren Kindern, die zwischen Drehbuch und Realität nicht klar unterscheiden. Bei gezeichneten Comicfiguren besteht keine wesentliche Modellfunktion. Deren Effekt besteht allerdings möglicherweise in einer Desensibilisierung gegenüber Brutalität (s.u.).

Sollen also Eltern ihren Kindern den Konsum der entsprechenden Fernsehserien, Videoclips auf „VIVA", „MTV" und anderen Kanälen verbieten? Abgesehen davon, dass man Teenager nicht rund um die Uhr beaufsichtigen kann und sollte, ist diese Lösung für viele Familien nicht realistisch. Allerdings sollten Eltern den Medienkonsum ihrer Kinder kennen und sinnvoll eingrenzen, z.B. dadurch, dass man auf Satellitenantenne oder Kabelanschluss verzichtet oder Fernsehzeiten festlegt. Fest steht, dass die meisten Teenager nicht in der Lage sind, den eigenen Fernsehkonsum ohne äußere Begrenzung in einem angemessenen Rahmen zu halten.

Wie man Hemmschwellen abbaut

Die bereits weiter oben beschriebene Lernform des „klassischen Konditionierens" ist die Grundlage für die Entstehung und Beseitigung von Hemmungen – ob erwünscht oder unerwünscht. Hemmungen entstehen dadurch, dass bestimmte Situationen (Sinnesreize) mit unangenehmen oder ängstlichen Gefühlen gekoppelt werden, so wie der Geruch von Bohnerwachs, in der Schule erlebt, später auch außerhalb der Schule mit einem beklemmenden „Schülergefühl" verbunden sein kann. Nach genügend häufiger Koppelung von zwei Ereignissen wird das eine (der Sinnesreiz) das zweite (das Gefühl) also auch dann auslösen, wenn es eigentlich keinen Grund gibt, ängstlich zu sein. Und „rückwärts" funktioniert es auch: Wenn der Angst auslösende Reiz häufig genug mit dem Gegenteil von Angst, nämlich einer entspannten und wohligen Atmosphäre, gekoppelt wird, löst er irgendwann keine Angst mehr aus.

Bei behandlungsbedürftigen Ängsten wendet man daher auch in der Regel diese Form des Lernens an. Wer es z.B. aus Angst vor Erröten nicht schafft, öffentlich zu reden, macht in der Regel eine „systematische Desensibilisierung": Zuerst einmal lernt er mithilfe einer Übung, sich zu entspannen und dadurch ein wohliges Gefühl zu erreichen. Dann werden in diesem entspannten Zustand in schrittweisen Steigerungen immer schwierigere Situationen in der Fantasie durchgespielt, manchmal auch in der Realität. Wenn es sich um Übungen in der Fantasie handelt, ist es besonders wichtig, dass man alle Sinne einbezieht: Sehen, Hören, Tasten, Schmecken, Riechen, Bewegung ... Durch die in der Fantasie geübte schrittweise Annäherung an das erwünschte Ziel verschwindet die Hemmung in der realen Situation. Es funktioniert, unabhängig davon, ob die Person versteht, warum! Das Lernen durch Einsicht spielt überhaupt keine Rolle. Der Patient wird in der Regel keine ausgesprochene Freude am öffentlichen Vortrag gewinnen und wahrscheinlich auch nicht anstreben, hauptberuflicher Redner zu werden, aber die Angst verschwindet. Das Ganze nennt sich Verhaltenstherapie und ist millionenfach bewährt.

Systematische Desensibilisierung durch Gewaltspiele

Nehmen wir einmal an, ein verrückter Verhaltensforscher hätte sich vorgenommen, Kinder systematisch dazu zu erziehen, ohne Hemmungen andere Menschen quälen und verletzen zu können, ohne dabei mit der Wimper zu zucken. Ein wesentliches Hindernis, welches er überwinden müsste, wäre die Tatsache, dass alle seelisch gesunden Kinder mehr oder weniger starke, durch vorherige Erfahrungen erlernte Hemmungen haben, andere Menschen zu verletzen, ihnen Schmerzen zuzufügen usw.

Zuerst müsste er einen Weg finden, das Gefühl von Freude, Lust und Erfolg zu erzeugen. So wie bei der schrittweisen Desensibilisierung anfänglich die Entspannungsübung zum Wohlgefühl führt, kann unser verrückter Forscher auf eine Erfahrung bauen, die die meisten Kinder bereits als Vergnügen erlebt haben: Ein Spiel muss her! Mit Gewinnchancen und sofortiger Verstärkung für Erfolg, Glockenläuten und Blinklichtern. Elektronisch geht das optimal.

Als Zweites müsste dieses Gefühl von Erfolg und Freude mit dem Ausleben von Aggression verbunden werden, wobei die Fantasie durch vielfältige Sinneseindrücke lebendig würde. Der Geruchsbildschirm ist leider noch nicht erfunden, aber mit Bildern, Ton und Bewegung lässt sich das meiste gut erreichen.

Der Rest ist einfach: Mit der Leichtigkeit eines Spieles müsste die in der Fantasie vollzogene Brutalität immer wieder mit Erfolgsrückmeldungen belohnt werden.

Unser verrückter Forscher hat soeben das entwickelt, was viele Eltern ihren Kindern zu Weihnachten schenken: Gewaltspiele, die systematisch Gewalthemmungen abbauen. Das funktioniert, egal, ob das Kind sich dieses Lernprozesses bewusst ist oder nicht.

Da die Ballerei Spaß macht, kommt von der Seite der Spieler entschiedener Protest: „Aber ich weiß doch den Unterschied zwischen Realität und Spiel!" Die Antwort des wissenschaftlich fundierten Lernexperten: Dieser Unterschied wäre beim Lernen durch Einsicht wichtig. Hier handelt es sich um einen vollständig anderen Lernprozess, bei dem solche Einsichten keine Rolle spielen.

„Ja, aber dann müsste ich doch eigentlich immer aggressiv herumlaufen und versuchen, Leute umzulegen!" Wieder falsch: Videospiele machen nicht aggressiv, sondern bauen die Hemmschwellen für aggressives Verhalten in Gewaltsituationen ab. Mit anderen Worten: Der Effekt der Desensibilisierung wird überhaupt erst sichtbar, wenn der Spieler sich tatsächlich in einer aggressiven Situation befindet. Dann kann er plötzlich etwas tun, wozu er ohne diese Spiele gar nicht in der Lage gewesen wäre, weil natürliche oder erlernte Hemmungen ein hohes Maß an Brutalität nicht zulassen. Der Spieler sucht also aggressive Situationen genauso wenig wie der Patient, der an Errötungsangst leidet, nun aus Begeisterung Vorträge hält. Aber wenn er in eine entsprechende Situation kommt, gibt es eventuell kein Halten mehr.

„Aber wenn ich so etwas spiele, reagiere ich doch Aggressionen ab!" Antwort: Zum dritten Mal falsch. Aggression kann man nicht abreagieren. Entweder man übt aggressives Verhalten oder selbst kontrollierte Sicherheit. (s .S. 25ff). Der Spieler verwechselt das Erleben von Lustgefühlen mit Entspannung.

Gewaltspiele verbinden Lustgefühle mit aggressiven Fantasien, wie das auch – möglicherweise nicht ganz so effektiv – Gewaltvideos und andere Darstellungen brutalen Inhalts tun. Das desensibilisiert, bei jedem, ohne Ausnahme. Unabhängig von der Intelligenz ist vom Insekt bis zum Homo sapiens jedes Wesen in dieser Weise programmierbar.

Wenn Gewalt sich lohnt

Macht unsoziales Verhalten unbeliebt? Oft ja, aber sehr oft auch nicht. So zeigt z.B. eine groß angelegte Untersuchung[1], die sicher nicht nur für die USA stimmt, dass auch sehr unsoziale und aggressive Schulkameraden bei anderen oft beliebt sind, unabhängig von der sozialen Herkunft, städtischer oder ländlicher Umgebung, dem nationalen oder ethnischen Ursprung. Obwohl die beliebtesten Kinder in einer Schulklasse in der Mehrzahl verständig, kooperativ und lernbegierig sind, gehören immerhin fast ein Drittel der beliebtesten Kinder in die „Schlägerkategorie".

Unsoziale Verhaltensweisen werden oft belohnt – also „verstärkt" –, weil sie sich gegen Institutionen oder gegen Vertreter dieser Institutionen richten, die auch nicht aggressive Kinder als gegnerisch erleben. Sei es die Schule oder andere öffentliche Einrichtungen: Viele Jugendliche erleben sich von ihnen übergangen. Während die Halfpipe, die ihnen zum Skaten dient, irgendwo auf einem Parkplatz im Industriegebiet platziert wird und die Löcher im Asphalt des Schulhofes das Fußballspielen erschweren, stehen auf dem Marktplatz neue Blumenkübel. Wer die mit Graffiti „verschönert", kann sich der Bestätigung der Klassenkameraden fast sicher sein. Zumindest der meisten.

Zerstörung, Aggression und Gewaltanwendung werden also auch durch „Versuch und Irrtum" gelernt, wobei es eben leider häufig so ist, dass sich unsoziale Verhaltensweisen nicht als „Irrtum" entpuppen, sondern – zumindest aus der Sicht des Täters – sehr wohl belohnt werden. Hier geht es also um den „Applaus" der anderen, die im Täter jemanden sehen, der stellvertretend für sie das tut, was sie sich nicht trauen. Das Publikum bestärkt den Täter und fördert weitere Aggression. Ähnlich wie die Zuschauer, die teilweise applaudierend zusehen, wie rechtsradikale Schläger ein Asylantenwohnhaus stürmen und anzünden, gibt es viele Schüler, die durch Zuschauen die eigenen aggressiven Impulse gesichert ausleben. Manche sind sicherlich auch ohne große Freude, aber aus Mangel an Zivilcourage stillschweigend dabei. Wenn irgend möglich, sollte man diese Zuschauer genauso behandeln wie die Täter. Sie sollten zur Verantwortung gezogen und unter bestimmten Umständen auch wegen „unterlassener Hilfeleistung" angezeigt werden. Auch in Schulen sollten Kinder, die andere beim Streiten oder Prügeln „anheizen", ebenso bestraft werden wie die Täter selbst.

Sinn und Unsinn von Strafen

Womit wir bei der Frage wären, wie denn eine Strafe aussehen muss, die die erwünschte Wirkung zeigt. Die meisten Strafversuche haben bestenfalls eine „gemischte Wirkung": Einerseits bestätigen sie die Täter, indem sie ihnen viel Aufmerksamkeit schenken; sie verhärten die Fronten und erhöhen damit das Aggressionspotenzial. Andererseits machen sie die Aggression trotz allem ein wenig unattraktiver, weil Konsequenzen befürchtet werden. Eine wirklich sinnvolle Bestrafung muss in erster Linie danach fragen, was das erwünschte Verhalten ist und wie die Strafe dazu führen kann, dass dieses geübt wird. **So ist zum Beispiel eine Wiedergutmachung, die auch zu einer persönlichen Begegnung von Täter und Opfer führt, sehr viel effektiver als eine Strafe.** Auch das Verhindern des „Applauses" der eigenen Clique (z.B. durch einen ein- bis zweitägigen Schulverweis des Täters) ist wirksam, auch wenn es manchem eher als Belohnung vorkommt, wenn er nicht in die Schule muss. (Diese Strafe hat einen guten Nebeneffekt: Das Problem wird nicht nur außerhalb des Elternhauses behandelt. Viele Eltern haben die Erziehung ihrer Kinder an die Schule delegiert und werden sich so vielleicht wieder der Verantwortung für ihre Kinder bewusst.)

Also nicht: Zur Strafe gibt's Nachsitzen!, sondern: Wenn ihr beide euch bis morgen geeinigt habt, wie der Schaden wiedergutgemacht wird, ist alles o.k., sonst gibt's eine Stunde Nachsitzen. Wenn nötig, jede Woche, bis ihr euch geeinigt habt.

Nicht: Geht aufs Zimmer! Stubenarrest! Ohne Abendessen!, sondern: Geht jetzt aufs Zimmer, bis ihr euch geeinigt habt. Ich schlage euch vor, dass ihr das noch vor dem Abendessen regelt, sonst werdet ihr heute ziemlich hungrig ins Bett müssen …

Geschwister können also als „Strafe" für einen Streit den Auftrag bekommen, zusammen Eis essen zu gehen und dabei den anderen einzuladen. In der Jungschar kann Aggression beantwortet werden, indem man nur bleiben darf, wenn eine Entschuldigung ausgesprochen wird. In der Schule könnte Aggression die Folge haben, dass eine Strafe ausgesetzt werden kann, wenn eine Schlichtung durch dazu ausgebildete andere Schüler erfolgt ist.

Kurz: Wenn durch die Strafe das unerwünschte Verhalten verhindert bzw. beendet werden kann oder das erwünschte Verhalten erzeugt wird, funktioniert sie verhaltensverändernd. Als reine „Sühne" für bereits erfolgte Verstöße hat sie so gut wie keinen Effekt, insbesondere dann, wenn gleichzeitig das unerwünschte Verhalten belohnt wird: Kinder, die wenig Zuwendung bekommen, werden auch die negative, strafend gemeinte Aufmerksamkeit als Belohnung empfinden. Bei ihnen erreicht die Strafe noch weniger als bei anderen, wenn sie nicht sogar als Verstärker wirkt.

Kapitel 6

Prävention: Gewalt verhindern in Kinderzimmer, Schule und Jugendarbeit

W as können Eltern, Lehrer/-innen und Jugendleiter tun, um Gewaltproblemen vorzubeugen? Das alte Sprichwort, dass eine Unze Vorbeugung ein Pfund Heilung wert sei, ist heute aktueller als je zuvor.

Schüler helfen Schülern: schlichten und vermitteln

Eine der besten Möglichkeiten, das Potenzial an Gewalt in Schulen zu mindern, besteht darin, dass interessierte Schülerinnen und Schüler zu „Mediatoren" (Vermittlern) ausgebildet werden. Die Aufgabe der Mediatoren ist nicht, Schiedsrichter zu spielen, sondern den Parteien durch einen geordneten und sehr strukturierten Gesprächsprozess dabei zu helfen, selber zu einer Einigung zu kommen. Schülerschlichtungsprogramme werden bereits an etlichen Schulen praktiziert und zum Teil wissenschaftlich begleitet. Laut einer Mitteilung der Ernst-Moritz-Arndt-Universität Greifswald, deren Institut für Erziehungswissenschaft sich mit der Erforschung dieser Programme beschäftigt, gilt: „Durch Mediation wird nicht nur Gewalt vorgebeugt, es werden auch wichtige Grundfähigkeiten wie Einfühlungsvermögen, Kommunikations- und Teamfähigkeit geschult. Darüber hinaus kann Mediation die gesamte Schulkultur positiv beeinflussen, wenn sie genügend Unterstützung durch das Lehrerkollegium erfährt."[2]

Schüler, die zu „Konfliktlotsen" ausgebildet sind, haben Grundsätze der Gesprächsführung gelernt und sind erstaunlich erfolgreich im Schlichten von Streitigkeiten unter Mitschülern. Sie wissen, wo die Grenzen ihrer Möglichkeiten liegen, und können im Zweifelsfall an professionelle Helfer verweisen. Eigenverantwortung, Selbstständigkeit und Vertrauen sind die wichtigen Vorteile, die sie gegenüber außenstehenden Helfern auszeichnen. Auch wenn einige ideelle und tatkräftige Unterstützung durch die Schule notwendig ist, z.B. durch einen Raum, in dem Gespräche in einer freundlichen Atmosphäre stattfinden können, und dadurch, dass Lehrer die „Streithähne" dann auch an die Mediation verweisen, lohnt dies allemal die Mühe. Angefangen von der besseren Lernatmosphäre über die Tatsache, dass Lehrer weniger Zeit für unangenehme Auseinandersetzungen brauchen, bis zu der Tatsache, dass mit Schuleigentum pfleglicher umgegangen wird, ist Mediation eine Einrichtung, von der die Schulen durchweg profitieren. Auch in der Grundschule sind solche Programme schon erfolgreich.

Im Internet findet man eine Vielzahl interessanter Angebote unter den Stichworten: Schulmediation, Peermediation, Schulberatung, Mediation, Konfliktmanagement, Schulkonflikte, Schulweb, Schulleitung, Sichvertragen, Konfliktlotsen u.a. Im Gespräch mit dem Elternbeirat oder der Schulleitung kann man sich über regionale Angebote informieren, im Zweifelsfall wendet man sich an die übergeordnete Behörde (Schulamt). Auch die Kirchen, z.B. der Schuldekan, können engagierte und hilfreiche Partner solcher Projekte sein.

Frühe Hilfe für Opfer

Wenn in einer Schule laut und deutlich auf die Hilfsmöglichkeiten, die Opfer oder potenzielle Opfer in Anspruch nehmen können, hingewiesen wird, hat das zwei Effekte: Die Täter werden abgeschreckt und die Opfer suchen früher Hilfe.

Kinder müssen wissen, dass sie Hilfe finden können, wenn sie in Not sind. Manche Anlaufstellen werden zu selten genutzt, weil (nicht selten durch die Täter) den Kindern vor diesen Stellen Angst gemacht wird. Kein Kind kommt sofort in ein Heim, wenn es von Missbrauch berichtet. Wer Angst hat, seinen Namen zu nennen, kann anonym (und gratis) am Telefon Hilfe bekommen. Die Schwelle zum Gespräch kann kaum niedriger sein.

In vielen Städten gibt es kirchliche oder städtische Beratungsstellen für Kinder und Jugendliche, die mit qualifizierten und kompetenten Mitarbeitern arbeiten. Laden Sie sie doch einmal in den Schulunterricht, die Jungschar oder zum Elternabend an der Schule ein. Viele Kinder und Jugendliche trauen sich nicht, mit einem völlig unbekannten Erwachsenen zu reden, besonders, wenn es um etwas Persönliches oder „Peinliches" geht. Wenn man diesen Menschen schon einmal kennengelernt hat, ist das deutlich leichter.

Rufnummer der Telefonseelsorge:
0800-111 0 111 oder 0800-111 0 222 (24 Std.)
Rufnummer der Kinder- und Jugendtelefonseelsorge:
0800-111 0 333 (Mo. - Fr. 15:00 - 19:00 Uhr)
Hier stehen ausgebildete Jugendliche als Ansprechpartner
zur Verfügung.

Schutz vor Gewalt in den Medien

Da hilft kein Diskutieren mehr, die wissenschaftlichen Ergebnisse sind seit Jahren eindeutig: Der Konsum von Gewaltvideos, Computerspielen und anderen Gewaltdarstellungen in den Medien ist gewaltfördernd. Natürlich sind die Fälle, in denen Jugendliche versuchen, das „Kettensägenmassaker" in der Realität zu inszenieren, glücklicherweise die extrem seltene Ausnahme. Aber darum geht es auch gar nicht. Kinder, die häufig Cartoons mit vielen Gewaltszenen sehen, zerstören schneller ihre Spielsachen, hauen schneller und fester zu und treten noch einmal häufiger nach als solche, die ohne diese Cartoons leben dürfen. Jugendliche, die Horrorfilme konsumieren, finden Gewalt eher „cool", beobachten reale Gewalt in ihrer Umwelt schließlich mit ähnlichem Interesse und gehören damit zu den verstärkenden Beobachtern. Sie werden häufiger und schneller brutal, wenn sie in Streitsituationen kommen. Menschen, die viel Zeit mit sogenannten „Strategiespielen", d.h. Kriegsspielen, verbringen, kaufen sich deswegen kein Maschinengewehr – aber fahren aggressiver, verlieren schneller die Selbstbeherrschung und werden früher handgreiflich.

Vorschläge für Eltern

Den folgenden Vorschlägen werden nicht alle Eltern folgen wollen, und sie gefallen sicherlich nicht allen Kindern und Jugendlichen. Sie sind jedoch pädagogisch und psychologisch fundiert sowie praxiserprobt.

Kontrollieren Sie den Fernsehkonsum Ihrer Kinder. Bestehen Sie darauf, dass das Fernsehen nur nach Programm angeschaltet wird, niemals, „um zu gucken, was kommt". Lassen Sie nicht zu, dass Kinder und Jugendliche einen eigenen Fernseher im Zimmer haben. Machen Sie zur Regel, dass auch bei Freunden Fernsehen nur nach Rücksprache erlaubt ist. Nehmen Sie interessante Sendungen auf Video auf, damit das TV-Programm nicht den Zeitplan der Familie bestimmt.

Verzichten Sie auf den Empfang kommerzieller Sender. Im Gegensatz zu den öffentlich-rechtlichen Anstalten, die einen Bildungs- und Informationsauftrag haben, finanzieren sich die privaten Sender ausschließlich aus Werbeeinnahmen. Das heißt: Das Programm soll die Aufmerksamkeit der Zuschauer binden, aber das so billig wie möglich. Insbesondere bei Kindersendungen heißt das: schnell wechselnde Szenen, die die Konzentrationsfähigkeit ruinieren, möglichst viel Action und Gewalt und ein inhaltlicher Anspruch, der gegen null geht. Öffentlich-rechtliche Programme für kleinere Kinder („Die Sendung mit der Maus", „Löwenzahn" oder „Sesamstraße") oder größere („Brisant") sind um Klassen wertvoller. Für Kinder ist der „Kinderkanal" von ARD und ZDF geeignet. Die Sendungen sind gewaltfrei, machen neugierig auf die Welt und sind unterhaltsam.

Verbieten Sie den Konsum von Horrorfilmen, Gewaltthrillern u.Ä. Es geht hier nicht um Geschmack, sondern um die Wirkung dieser Filme. Das ist besonders problematisch bei Kindern und Jugendlichen, denen das Interesse oder die Reife fehlt, andere Filme von sich aus besser zu finden. Da der Genuss eines „besseren" Filmes nur möglich ist, wenn man den Plot über längere Zeit verfolgt, ziehen Kinder mit kurzer Aufmerksamkeitsspanne Filme vor, die ihre emotionale Wirkung nicht durch eine Geschichte, sondern ausschließlich durch Actionbilder erzielen. Allerdings fördern gerade diese Filme wiederum das Aufmerksamkeitsdefizit, welches hier oft zugrunde liegt – ein Teufelskreis.

Lernen Sie Ihren Computer gut kennen! Die Fähigkeit, mit Medien und Informationssystemen umzugehen, ist für Kinder wichtig. Der Zugang zum Computer verbessert sicherlich die Chancen, die ein Kind in der Schule und später im Beruf hat. Allerdings gibt es viele Kinder, die sich mit Computern sehr viel besser auskennen als ihre Eltern. Sollte das so sein, machen Sie einen Kurs in der Volkshochschule, organisieren Sie in Ihrer Gemeinde einen Kurs für Eltern oder bitten Sie Freunde um Nachhilfe. Wenn Kinder wissen, dass sie ihren Eltern am Computer ein X für ein U vormachen können, ist die Versuchung groß, die elterlichen Regeln zu ignorieren.

Verbieten Sie kategorisch jeden Gebrauch von „Ballerspielen" am Computer.

Den Effekt, den diese Spiele bei Kindern wie Erwachsenen haben, habe ich bereits beschrieben (s.S. 64f). Wenn Sie sich nicht sicher sind, dass Ihre Kinder sich nicht von Schulkameraden diese Spiele heimlich ausleihen, installieren Sie ein Schutzprogramm wie z.B. „Kidprotect", das Gewaltspiele erkennt und den Computer herunterfährt.

Wenn Ihre Kinder Zugang zum Internet haben, informieren Sie sich über ihre Surfgewohnheiten. Hier gibt es mindestens zwei wichtige Verhaltensregeln:

a) Erziehen Sie Ihre Kinder zum Selbstschutz, wenn sie in Chatforen aktiv sind. Sexualtäter benutzen das Internet zunehmend, um ihre Opfer auszuspionieren. Ob der Internetpartner, mit dem die 13-jährige Tochter über ihre beginnende Sexualität „chattet", wirklich eine ebenfalls 13-Jährige ist oder nicht vielleicht ein 28-jähriger Mann, der sich als 13-jähriges Mädchen ausgibt, das weiß keiner. Also grundsätzlich: niemals Bilder, Namen oder Adressen preisgeben!

b) Sorgen Sie dafür, dass Ihr Kind wirklich nur Zugang zu solchen Internetseiten hat, die für Kinder geeignet sind. Pornografie und Gewalt sind überall im Netz zu haben, manchmal sogar ungewollt. Am besten installieren Sie einen Filter, der den Zugang zu ungeeigneten Seiten verhindert (z.B. den „K-Webfilter", den Sie über www.kidstation.de bekommen können). Im Gegensatz zu manchen Filtern, die versuchen, unangemessene Seiten elektronisch zu entdecken, basiert dieser Filter auf einer von geschulten Internetspezialisten geprüften Positivliste. Auch bei den sogenannten Suchmaschinen, mit denen man im Netz surft, gibt es kindgerechte Angebote (z.B. „Die Blinde Kuh", über www.blinde-kuh.de zu erreichen).

Gewaltverzicht und Selbstverpflichtung

Es klingt fast zu banal, um in der Praxis zu funktionieren, aber es hilft wirklich: Wenn Kinder und Jugendliche sich feierlich verpflichtet haben, auf Gewalt zu verzichten, tun sie das in der Regel auch! Wie kann eine solche Selbstverpflichtung aussehen? Ein Beispiel gibt der untenstehende Vertrag. Die Unterzeichnung dieses Vertrages könnte altersentsprechend mit einer kleinen Feier, einer Medaille usw. belohnt werden. An manchen Schulen ist die Unterzeichnung eines solchen oder ähnlichen Vertrags Voraussetzung für die Aufnahme in die Schule. Das könnte auch für die Teilnahme an Jugendfreizeiten gelten. Unterzeichnete Verträge könnten z.B. in der Kirche oder Schule öffentlich ausgehängt werden, die Mitgliedschaft im „Club gewaltlos" bekannt gegeben werden, das einmonatige oder einjährige Jubiläum gefeiert werden usw. Es ist nicht schwierig, Anreize zu finden.

Vertrag zur Gewaltlosigkeit

Ich, _____,
geboren am _____, verpflichte mich hiermit, auf verbale und tätliche Gewalt zu verzichten. Das bedeutet insbesondere:

- Ich beleidige niemanden mit groben Schimpfworten.

- Ich zerstöre kein Eigentum eines anderen.

- Ich beteilige mich nicht an tätlichen Auseinandersetzungen, schlage und trete niemanden, beiße und bespucke andere nicht und werfe keine Gegenstände, mit denen ich sie verletzen könnte.

- Wenn ich mit jemandem ein Problem habe, versuche ich es im Gespräch zu klären. Wenn mir das nicht gelingt, bitte ich jemand anderen um Hilfe.

- Wenn ich angegriffen werde, versuche ich mich gewaltfrei zu schützen. Ich versuche mit dem anderen zu reden und bitte zur Not einen Erwachsenen um Hilfe.

- Sollte ich dennoch gewalttätig werden, werde ich mich dafür entschuldigen und, soweit möglich, den Schaden wiedergutmachen.

_____, den _____
Ort   Datum

Wiedergutmachung als Prävention: die Täter-Opfer-Beziehung

Ein wichtiger Aspekt der Prävention ist die Frage, was man tun kann, um Ersttäter nicht zu Wiederholungstätern werden zu lassen. Hierbei scheint die Konfrontation Täter – Opfer eine entscheidende Bedeutung zu haben, denn durch die Begegnung mit dem Opfer erlebt der Täter oft zum ersten Mal so etwas wie Mitgefühl und Reue.

Mark, Steffen und Alexander haben bereits in der Pause eine verbale Auseinandersetzung mit Philipp gehabt und treffen sich nun in der U-Bahn wieder. Zu dritt sind sie stark, ein Wort gibt das andere, und schließlich spielen sie „Fangen" mit Philipps Turnbeutel. Nachdem Philipp ein paar Mal ohne Erfolg versucht hat, ihn wiederzuergattern, wirft Alexander den Beutel unter Zustimmung der anderen beiden aus dem geöffneten Fenster der U-Bahn.

Philipps Eltern bestehen auf Wiedergutmachung und drohen damit, Anzeige bei der Polizei zu erstatten. Sie einigen sich schließlich mit den Eltern der anderen Jungen darauf, dass diese sich entschuldigen und dann zusammen mit Philipp einen neuen Turnbeutel samt Inhalt kaufen – Turnschuhe, T-Shirt und Hose – und jeweils zu einem Drittel von ihrem Taschengeld bezahlen.

Die Wahrscheinlichkeit, dass sich eine solche oder ähnliche Aktion vonseiten eines der drei Jungen wiederholt, ist sehr gering. Natürlich schmerzt der Verlust des Taschengeldes, aber noch wichtiger ist, dass die Wiedergutmachung zusammen mit dem Opfer geschieht (sofern dieses dazu bereit ist).

Zwei Jugendliche, die nach einem versuchten Überfall vom Richter dazu verurteilt wurden, ein Jahr lang den Garten der Dame, der sie die Handtasche rauben wollten, versorgen zu müssen, werden mehr echte Reue erleben, als wenn sie eine empfindliche Geldstrafe aufgebrummt bekommen (die wahrscheinlich die Eltern zahlen). Wenn sie dann noch merken, dass diese Dame eigentlich eine richtig nette Oma ist, die sie an einem heißen Sommertag im Garten mit einem Eis verwöhnt, ist der Lernerfolg perfekt. Die Angst vor dem Erwischtwerden und einer möglichen Strafe ist wenig dauerhaft (und reizt eher dazu, die nächste Tat besser zu planen). Die Begegnung mit dem Opfer, daraus resultierend das Empfinden echter Schuldgefühle und das Erleben von Versöhnung erzeugen dagegen eine solide Sinnesänderung, die unabhängig vom Erwischtwerden in der Zukunft von solchem Verhalten abhält.

KAPITEL 7

Konfrontative Pädagogik – ein (etwas) anderer Ansatz

von Sandra Schmid und Alexander Fix

Kinder und Jugendliche, die gut im Leben stehen, werden nicht oder zumindest seltener gewalttätig. Sie haben klare Regeln und Grenzen gesetzt bekommen, die mit Liebe und Wertschätzung vermittelt wurden, sie durften sich ausprobieren, haben Rückmeldung für ihr Tun erhalten und Konsequenzen gespürt. Vor allem haben sie in all diesen Punkten Sicherheit, Konstanz und Verlässlichkeit erlebt.

Denken Sie an sich selbst: Wenn es Ihnen gut geht, wenn Sie wissen, wo Sie stehen, wenn Sie sich geliebt, begleitet, aufgehoben und sicher fühlen, kommen Sie weniger auf die Idee, sich selbst oder anderen gegenüber irgendwie zerstörerisch zu werden – oder?

Es tut unseren Kindern und Jugendlichen gut, wenn sie sich an Regeln halten können, die ihnen Orientierung geben und ihnen ein Ziel aufzeigen. Deshalb halten wir den Ansatz der konfrontativen Pädagogik mit seinem autoritativen Erziehungsstil, auf den wir im Folgenden näher eingehen werden, für so unendlich wichtig in unserer Zeit und für ein wahres „Zaubermittel". Denn so bekommen die Kinder und Jugendlichen Regeln, sie lernen, sich zu strukturieren, sie entwickeln Verantwortungsbewusstsein gegenüber sich selbst und anderen und setzen sich mit ihrer Persönlichkeit auseinander. Dadurch kommen sie weniger in jene Haltung, bei der ihnen alles egal ist und die uns bei so vielen begegnet, bzw. finden zumindest meist schneller wieder aus ihr hinaus. Sie werden beziehungs- und bindungsfähig, können Krisen bewältigen, Probleme angehen und lösen, anstatt sie zu verdrängen, Konflikte angemessen mit Wertschätzung und Respekt lösen. Sie werden gestärkt für die Stürme des Lebens und können ihnen standhalten, ja sogar entgegentreten und laufen nicht weg oder lassen sich bei jedem kleinen Windhauch schon umpusten.

Mit geistig behinderten Kindern, extrem traumatisierten Jugendlichen, Suchtkranken und psychisch Kranken kann man allerdings nicht nach den Grundsätzen der konfrontativen Pädagogik arbeiten.

Das „RAD" – Regeln für erfolgreiche Zusammenarbeit

Das deutsche Wort „Konfrontation" stammt vom lateinischen confrontare, was so viel bedeutet wie „jemandem die Stirn bieten". Allerdings ist hiermit weniger gemeint: „Ich zeige dir, wer hier der Chef ist ... ich bestrafe dich", sondern: „Ich setze dir klare Grenzen, gebe dir dadurch Orientierung und Halt und bin dir ein Gegenüber, an dem du dich reiben und messen, aber auch anlehnen und ausruhen kannst."

Für den Umgang mit unseren (gewaltbereiten) Kindern und Jugendlichen bedeutet das: Wir sind aktiv, agieren, statt zu reagieren, treten ihnen entgegen, sind wach, aufmerksam und zur Stelle, zeigen ihnen Regeln und Grenzen klar und deutlich auf und fordern deren Einhaltung ein. So bereiten wir sie darauf vor, den Stürmen des Lebens standhalten zu können.

In unserem beruflichen Alltag führen wir vor allem Gewaltpräventionstrainings durch und machen soziale Gruppenarbeit. Die Trainings an Schulen sollen helfen, dass die Schüler weniger gewalttätig sind und lernen, ihre Konflikte auf eine angemessene Art und Weise zu lösen. Das wird vor allem mit dem „Coolness-Training" (CT) erreicht, in dem Ursachen, Auslöser und Gelegenheiten für aggressives, gewalttätiges und nicht adäquates Verhalten analysiert werden. Außerdem sollen die Teilnehmer lernen, im Team zu arbeiten, damit sie sich bei zukünftigen Aufgaben gegenseitig unterstützen, bestärken und respektieren.

Die soziale Gruppenarbeit betrifft vor allem die ambulante Jugendhilfemaßnahme. In der Gruppe sollen sich die Teilnehmer ausprobieren können. Sie testen in ihr quasi ihre soziale Funktionsfähigkeit. Ziel ist es, dass die Kids besser mit persönlichen, Gruppen- und gesellschaftlichen Problemen umgehen können. Es geht um Rücksichtnahme, Kooperationsbereitschaft (Teamwork) und Einfühlungsvermögen.

In den verschiedenen Gruppen arbeiten wir mit bestimmten Regeln, die wir jeweils zu Beginn vorstellen. Dann holen wir von allen

Beteiligten das Einverständnis ein, sich auch an sie zu halten. Zusammengefasst haben wir die Regeln im sogenannten „RAD".

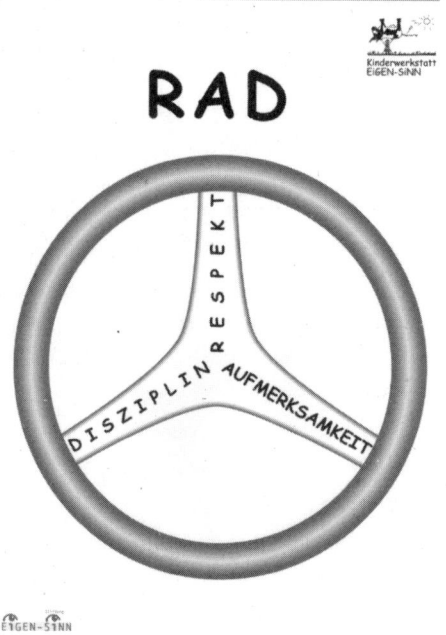

Im Detail ist das RAD gefüllt mit folgenden Punkten:

- Wir reden, statt zu schlagen.
- Wir sind pünktlich.
- Wir lassen unsere Gefühle zu.
- Wir beteiligen uns aktiv.
- Wir lassen einander ausreden.
- Alles Besprochene bleibt im Raum.
- Niemand hat das Recht, den anderen zu beleidigen, zu verletzen oder auszugrenzen. Geschieht dies dennoch, erfolgt Konfrontation.

Im familiären Bereich und selbstverständlich auch bei jeder Arbeit in Gruppen mit ihren verschiedenen Themenstellungen bietet sich die Einführung des RADs oder Ähnlichem an, gefüllt mit den jeweils relevanten Regeln. Diese können im Familienverbund bzw. in der entsprechenden Gruppe gemeinsam gesammelt, schriftlich fixiert und schließlich von jedem unterschrieben werden. Natürlich muss es selbstverständlich sein, dass sich auch der Leiter an die Regeln hält. Darüber hinaus sollte man bereit sein, selbst kleinste Regelverstöße sofort anzusprechen, allerdings ohne gleich Sanktionen anzudrohen.

Oft reicht nämlich schon eine kleine Erinnerung: Wenn also zum Beispiel jemand während des Unterrichts Kaugummi kaut, kann man einfach fragen: „Saskia, hast du vergessen, deinen Kaugummi herauszunehmen?", und dabei auf die Regeln zeigen.

Der Ursprung der konfrontativen Pädagogik

Der Ansatz der konfrontativen Pädagogik entwickelte sich aus dem Paradigmenwechsel der vergangenen Jahrzehnte. In den Siebzigerjahren war man der Meinung, der Mensch sei ein Opfer gesellschaftlicher Missstände. Später, in den Achtzigerjahren, orientierte man sich an folgender Formel: Problematische Biografie plus gesellschaftliche Missstände ergeben eine gestörte Lebensführung. Heute hingegen zieht man das Individuum für sein Tun und Handeln, sein Werden und Sein zur Verantwortung. Man begreift den Menschen als eigenverantwortlichen Gestalter seines Lebens – natürlich immer im Kontext seiner jeweiligen Lebensumstände und der sich daraus ergebenden Möglichkeiten.

Das bedeutet, dass jeder bis zu einem gewissen Grad selbst in der Hand hat, wie sein Leben verläuft, unabhängig von den Umständen, unter denen er aufwächst, und den Erfahrungen, die er macht.

Spannen wir den Bogen zu unseren Kindern: Jedes Kind und jeder Jugendliche trägt mit zunehmendem Alter in immer mehr Bereichen die Verantwortung für sein Tun und seine Entscheidungen selbst. Ein Bewusstsein hierfür sollte bereits so früh wie möglich eingeübt werden.

Dabei verliert die konfrontative Pädagogik die Eltern bzw. Erziehungsberechtigten und den Staat nicht aus den Augen. Erstere tragen Verantwortung für die Erziehung (§ 6 GG Abs. 1: „Pflege und Erziehung sind das natürliche Recht der Eltern und die zuvörderst ihnen obliegende Pflicht ..."), Letzterer für die gesellschaftlichen Rahmenbedingungen wie z.B. Kinderbetreuungsplätze, gesetzliche Vorschriften z.B. für Freizeiten usw.

Verhalten entsteht im Kopf

Jeder Einzelne hat also die Wahl und trägt somit die Verantwortung für sich selbst, denn **Verhalten entsteht im Kopf**. Die beliebten Sätze: „Das ist mir so rausgerutscht", „Das war ein Reflex, da konnte ich nichts machen", „Der hat mich provoziert, da blieb mir nichts anderes übrig, der hat H...sohn zu mir gesagt", besitzen keine Gültigkeit, sind Ausreden. Man trifft immer eine Entscheidung, oft in Bruchteilen von Sekunden und häufig automatisiert, vom Gehirn also nicht mehr lange analysiert. Selbstverständlich wird unser Verhalten auch von Erziehung, Biografie, Sozialisation, von Freunden, von unseren tagesaktuellen Stimmungen und Erlebnissen und unseren Erfahrungen beeinflusst. Doch letztendlich bestimmen wir selbst, was wir tun bzw. entscheiden, wie wir uns verhalten, beginnend ab einem Alter von ca. acht Jahren.

Täglich sehen wir uns neuen Situationen gegenüber, müssen neu entscheiden. Doch wir erleben auch ständig, was wir schon kennen. Hier können wir somit auf bereits gesammelte Erfahrungen und Verhaltensweisen zurückgreifen. Je älter wir werden, können wir auf umso mehr solcher Erfahrungen zurückgreifen.

Verdeutlicht wird das Ganze durch die A-B-C-D-E-Formel. A steht für die jeweilige Situation. B steht für die Gedanken, die man sich macht, und die Entscheidung, die man daraufhin fällt. C steht für das daraus resultierende Verhalten, D für die Konsequenzen und E für die Folgen, die sich daraus langfristig ergeben.

Die beschriebene Formel soll anhand des folgenden Beispiels erklärt werden: Herr Müller fährt auf eine Ampel zu. Plötzlich schaltet diese auf Gelb (A). Herr Müller überlegt blitzschnell, ob er weiterfahren soll oder nicht, und entscheidet sich entweder dafür, Gas zu geben oder zu bremsen (B). Er hält also an oder beschleunigt (C). Aus seiner Entscheidung und dem damit einhergehenden Verhalten ergeben sich entsprechende Konsequenzen (D), für die Herr Müller allein die Verantwortung trägt. Falls er sich dafür entschieden hat, Gas zu geben, und dabei geblitzt wird, muss er mit einer Strafe und eventuellem Führerscheinverbot rechnen. Diese Entscheidung zusammen mit vielen anderen gibt letztlich die Gesamtrichtung seines Lebens an (E). Herr Müller mag der Polizei als ausgesprochener Verkehrssünder bekannt sein, dem der Führerschein irgendwann langfristig entzogen wird.

Diese A-B-C-D-E-Formel ist gerade im Zusammenhang mit gewaltbereiten Kids von großer Bedeutung. Entscheidet man sich an bedeutsamen Punkten, in entscheidenden Situationen, falsch (z.B. Kriminalität, Drogenkonsum, Schulabbruch, Schwarzfahren ...), sind die Weichen in Richtung auf ein „schlechtes" Leben gestellt, und es wird immer schwieriger, wieder auf ein anderes, das „gute" Gleis zu kommen. Darüber hinaus ist diese Formel eine schöne Möglichkeit, den Kids grafisch die Bedeutung ihrer Verantwortung für sich selbst klarzumachen.

A-B-C-D-E-Formel:

A →	**B** →	**C** →
Situation	Gedanken und Entscheidung	Verhalten
D →	**E** →	gutes Leben
Konsequenz	Summe der Konsequenzen →	schlechtes Leben

Die positiven Folgen wertschätzender Konfrontation

Konfrontation ohne Akzeptanz, Respekt und Wertschätzung gegenüber dem Kind bzw. Jugendlichen funktioniert nicht, ist in der Extremform sogar kontraproduktiv, denn es entsteht so etwas wie militaristischer Gehorsam. Der Betreffende hält sich dann aus Angst und aufgrund des „Drucks von oben" an Regeln, jedoch nicht, weil er deren Wichtig- und Richtigkeit einsieht und Verständnis für sie entwickelt hat.

Andersherum setzt jedoch ein zu hohes Maß an Verständnis für und Akzeptanz von Fehlverhalten („Er/Sie ist doch noch so jung, weiß es doch nicht besser, hat's doch nicht so gemeint ...") ohne zeitgleiche Herausforderung keine Entwicklung beim Kind oder Jugendlichen in Gang. Wenn man übertrieben mitleidet, Verständnis zeigt bzw. das gewaltbereite Kind ständig in Schutz nimmt, werden langfristig der Rest eines schlechten Gewissens und des Verantwortungsgefühls abgebaut bzw. deren Entwicklung verhindert.

Deshalb hält man sich in der konfrontativen Pädagogik an einen weiteren Leitsatz: **Akzeptanz plus wertschätzende Konfrontation ermöglichen soziale Entwicklung, Bindung und Beziehung**. Dem Kind oder Jugendlichen wird so in schwierigen Situationen vermittelt: „Ich mag und schätze dich als Person, doch dein momentanes Verhalten bzw. wie du dich verhalten hast, ist/war nicht in Ordnung." Dies schafft die Basis für eine vertrauensvolle Beziehung.

Verstehen, ohne einverstanden zu sein

Ein weiterer wichtiger Leitsatz ist: **Verstehen, ohne einverstanden zu sein**. Man zeigt dem Kind oder Jugendlichen deutlich, dass man seine Situation versteht, dass dies aber in keinster Weise eine Rechtfertigung oder ein Grund für sein Fehlverhalten ist.

Nehmen wir als Beispiel den 14-Jährigen, der zu Hause Stress mit seinem Vater hatte, vielleicht sogar geschlagen wurde. Um seinen Frust, seine Wut und seine Enttäuschung abzubauen, reißt er der Lieblingsbarbie seiner jüngeren Schwester, die seiner Meinung nach sowieso immer bevorzugt und mehr geliebt wird, die Gliedmaßen heraus. Dies ist natürlich kein akzeptables Verhalten und darf in keinster Weise toleriert werden. Der Junge muss Konsequenzen für sein Handeln spüren. Trotzdem kann man als beteiligter Erwachsener, zum Beispiel als Mutter, Verständnis für die Wut und den Zorn zeigen.

Folgende persönliche Grundhaltung ist für alle mit gewaltbereiten Kids arbeitenden Personen unerlässlich: Man sollte Konfrontationsbereitschaft mitbringen, bereit zu autoritativem Verhalten sein und wegkommen vom Laissez-faire-Stil. Und noch einmal: Es ist so unendlich wichtig, den Kindern Wertschätzung und Respekt entgegenzubringen, dabei bereit zu sein, zu konfrontieren, auch das geringste Fehlverhalten immer und immer wieder anzusprechen. Viel und gerne zu loben ist ein weiterer wichtiger Punkt, auch und ganz besonders scheinbare Kleinigkeiten.

Sie sind dran – die persönliche Ebene

In der konfrontativen Pädagogik unterteilt man drei Ebenen. Obwohl es uns hier vor allem um die erste Ebene geht, wollen wir auch auf die anderen beiden kurz eingehen: Die dritte Ebene ist die strukturelle Ebene, in der analysiert wird, ob es gewaltstützende Faktoren in einer Einrichtung, zu Hause, in einem Gruppenraum oder im Kinderzimmer gibt. Es geht aber auch darum, sich als Eltern, Team und Einrichtung darüber klar zu werden, welche Gewaltstandards gelten, d.h., wo genau Gewalt anfängt. Diese Standards, auch zu anderen Themen wie Sucht etc., müssen genau festgelegt werden, und zwar in der Form, dass sie jeder beteiligte Erwachsene mittragen kann und somit auch bereit ist, sie von den Kids einzufordern.

Die zweite Ebene ist die Handlungsebene. Damit ist das „Handwerkszeug" zur Gewaltprävention gemeint, also Methoden zur Konfrontation, Grenzziehung und zur Verbesserung des Sozialverhaltens, Deeskalationstechniken, wie z.B. die „nicht eskalierende Beharrlichkeit" (siehe S. 88), oder auch Methoden zur Visualisierung von Haltungen, Meinungen, Denkmustern von einzelnen Kindern, Jugendlichen oder Gruppen.

Die erste Ebene – und für die interessieren wir uns hier ja vor allem – sind Sie! Es ist also eine persönliche Ebene, die Sie betrifft mit all Ihren eigenen (Gewalt-)Erfahrungen, Ihren Erlebnissen, Ihrer Biografie. Es geht um Ihre Haltungen, Einstellungen und Denkweisen bestimmten Themen gegenüber, um Ihr alltägliches Verhalten in dem Bewusstsein, dass Sie immer und überall Vorbild für die Kinder und Jugendlichen sind. Die persönliche Ebene muss ständig überprüft werden, bei neuen Ereignissen, neuen Themen, gilt es, sich eine Meinung zu bilden und eine klare und eindeutige Haltung dazu zu bekommen.

Es geht dabei auch um Ihre Körperhaltung und -spannung, Ihre Gestik, Mimik und die Art und Weise des Sprechens. Man muss sich klarmachen, dass bei einer Unterhaltung prozentual gesehen Folgendes beim Empfänger ankommt: zu 7 Prozent der Inhalt, zu 38 Prozent die Art und Weise des Sprechens, also Lautstärke, Aussprache und Tonfall. Schließlich wird am intensivsten und stärksten die Körpersprache wahrgenommen, diese macht 55 Prozent aus! Deshalb ist es auch so wichtig, authentisch zu sein, denn nur dann ist Ihre Körpersprache mit Ihren gesprochenen Worten im Einklang.

Authentizität bedeutet, ich selbst zu sein, echt zu sein in dem, was ich sage und was ich tue. Innere und äußere Haltung stimmen überein – das, was ich äußere, meine ich auch so, ich stehe voll dahinter. So bekomme ich Durchsetzungsfähigkeit und kann Wertschätzung vermitteln und beharrlich auf meinen Standpunkt bestehen.

Echt sein kann man nur, wenn man voll und ganz hinter den einzufordernden Regeln und Grenzen steht und überzeugt ist von der Rechtmäßigkeit der eigenen Bedürfnisse. Nur dann stimmen Mimik, Gestik und Körperhaltung mit den verbalen Aussagen überein. Ist man unsicher und hat Zweifel, wird das Gegenüber dies sofort merken, und man wird nicht sehr durchsetzungsfähig sein. Zusätzlich braucht es Entschlossenheit, Eindeutigkeit und Selbstgewissheit.

Zur Verdeutlichung: Sie sind Betreuer bei einer Wochenendfreizeit für Jugendliche. Um 22 Uhr ist Bettruhe, so lautet die Regel in dem Haus, in dem Sie zu Gast sind. Sie selbst sind der Meinung, dass das zu früh ist für Ihre Kids. Dennoch sind Sie verantwortlich für die Einhaltung der Regel. Denken Sie, Sie werden die Kids auf Anhieb und ohne Verhandlungen ins Bett bugsiert bekommen, wenn Sie die Teilnehmer nicht hundertprozentig entschlossen mit leicht entschuldigendem Tonfall auf Ihre Zimmer schicken?

Wohl nicht, denn die Teilnehmer spüren, dass Sie selbst nicht ganz einig mit Ihrer Ansage und der Regel sind. Sie werden wahrscheinlich unter anderem versuchen, durch Überredung noch ein paar Minuten herauszuschinden. Dieses Beispiel kann auf alle möglichen Situationen und Kontexte, auch auf die Familie, übertragen werden.

Nur wenn die erste Ebene stimmt, wenn Sie sich bewusst darüber sind, für was Sie stehen, für was Sie kämpfen, was Ihnen wichtig ist, wer und was Sie geprägt hat, können Sie Ihren Kids mit Souveränität und authentisch, also echt und mit Selbstgewissheit begegnen und auf

Ihren Standpunkt bestehen. Sie werden Ihren Schützlingen in konfrontativen Situationen und auch sonst gelassener und sicherer gegenübertreten können, und Sie werden feststellen, dass man Sie ernst nimmt. Situationen werden nicht so sehr eskalieren, es werden weniger unschöne Worte gesprochen werden, durch die hinterher jemand verletzt oder beleidigt ist und sich zurückzieht. Dann dauert es nämlich lange, bis man sich wieder gut begegnen kann.

Sie denken jetzt, das sind aber ganz schön viele Dinge, die da von Ihnen verlangt werden? Und dass da irgendwas komisch ist, weil *Sie* ja schließlich Ihr Leben im Griff haben und nicht *Sie* Gefahr laufen, gewalttätig zu werden, und sich an Regeln halten können? Dass Sie fast mehr tun und bringen müssen als Ihr Sprössling?

Da ist was dran! Schließlich *haben* Sie Ihr Leben im Griff, *sind* Vorbild und *haben* Verantwortung für die Erziehung. Doch wie lernt man am besten? Durchs Lernen am Modell, und Sie sind das Modell und leben vor.

Wir Erwachsenen sollten uns immer bewusst sein, dass wir, egal wo wir uns bewegen, für die Kinder und Jugendlichen – und nicht nur für die eigenen – Vorbild sind. Sie orientieren sich an uns und unserem Verhalten, nehmen uns oft zum offenen oder heimlichen Beispiel.

Den Ansatz der konfrontativen Pädagogik zu leben ist sehr anstrengend und harte Arbeit, denn es kostet Überwindung, immer wach und aktiv zu sein, den eigenen „inneren Schweinehund" zu überwinden und selbst minimales Fehlverhalten – zumindest am Anfang – immer wieder anzusprechen. Es ist noch kein Meister vom Himmel gefallen – es gilt, zu üben, zu üben und nochmals zu üben und sich vor allem von Rückschlägen und schlechten Tagen nicht entmutigen zu lassen.

Probieren Sie sich und es aus, versuchen Sie die Spiele und Übungen, die auf den folgenden Seiten beschrieben werden, suchen Sie das für sich heraus, was Sie brauchen können. Wir sagen nach jahrelanger Erfahrung (und wir sind auch immer noch am Üben und machen ständig neue Erfahrungen, haben unsere Rückschläge und schlechten Tage): Es lohnt sich! Für jedes einzelne Kind, bei jeder Kleinigkeit.

Die Kids bekommen Orientierung, Sicherheit und Halt durch die klaren Regeln und Grenzen, die sie heute oft nicht mehr vermittelt be-

kommen, doch umso verzweifelter suchen. Nichts ist so beziehungs-
stiftend wie Konfrontation.

Auf der verzweifelten Suche nach Grenzen gehen sie immer weiter,
werden aggressiv, gewalttätig, kriminell, weil ihnen vorher keiner die
Stirn bietet, sie keiner stoppt, ihnen keiner sagt, dass es so nicht in
Ordnung ist, niemand ihnen Orientierung und einen Plan vermittelt.
In unseren Gruppen ist es inzwischen teilweise und nach oft jahrelanger Arbeit so, dass wir in den Hintergrund treten können, die Gruppe
reguliert sich oft selbst.

Die „kaputte Schallplatte"

Nun zu dem bedeutenden „Zaubermittel" in der konfrontativen Pädagogik, der „nicht eskalierenden Beharrlichkeit", die sehr herausfor-
dernd für alle ist, die mit gewaltbereiten Jugendlichen arbeiten. Es
geht darum, hartnäckig zu bleiben, sich nicht durch Ablenkungsmanöver auf Nebengleise leiten zu lassen, dabei nicht lauter und/oder drohender zu werden – kurz, nicht die Fassung zu verlieren.

Das Ganze spielt sich in fünf Stufen ab, die als grober roter Faden
zu verstehen sind, also nicht unbedingt auf Biegen und Brechen in
dieser Reihenfolge eingehalten werden müssen.

1. Nehmen wir mal an, die Familie sitzt am Tisch und möchte mit
   dem – leider viel zu seltenen – gemeinsamen Essen beginnen. Der
   Sohn erscheint auch pünktlich, ist aber mehr mit seinem Handy beschäftigt, als dass er der Familie und dem Essen Aufmerksamkeit
   schenkt. Gehen wir davon aus, dass es die Regel in der Familie
   gibt, dass Handys bei Tisch nichts zu suchen haben. Also erinnert
   man ihn zunächst abwertungsfrei daran, dass er vergessen hat, sein
   Handy beiseitezulegen. Durch diese Art der Ansprache vermeidet
   man, dass der Sprössling sich verletzt und herabgestuft fühlt, und
   man erinnert wohlwollend an die vergessene Regel.
2. Reagiert er darauf nicht bzw. weigert sich, darf man ihm in der

nächsten Stufe den eigenen Ärger darüber mitteilen, dass er nicht bereit ist, sich an die Regel zu halten. Das kann etwa so klingen: „Ich ärgere mich, weil ich gerne essen möchte und du dich nicht an unsere Tischregeln hältst." Wichtig ist, darauf zu achten, dass man in der Ich-Form redet, denn dies bedeutet Verantwortungsübernahme für die eigenen Gefühle im Konflikt.

3. Es klappt immer noch nicht und der Sprössling schreibt nach wie vor SMS? In der dritten Stufe benennt der hungrige Erwachsene klar sein Bedürfnis: „Ich möchte mit dem Essen beginnen, und es geht nicht, weil du dich nicht an die Regel hältst. Ich möchte, dass du dein Handy weglegst." Wichtig ist die positive Formulierung: „Ich möchte", und nicht: „Ich möchte nicht." Dabei sollte man sich immer bewusst sein, dass das eigene Bedürfnis legitim ist und man darauf beharren darf und soll.

4. Der unartige Sprössling empfängt gerade die nächste SMS? Klarer Fall für die nächste Stufe, in der die Authentizität eine entscheidende Rolle spielt, da man so Stärke und Entschlossenheit vermittelt und man seinen Wunsch ganz klar und eindeutig mit Souveränität und Wertschätzung äußern kann: „Bitte leg dein Handy weg."

5. Wenn er dann noch immer sein Handy nicht weglegt, ist es wichtig, mit dem Sohn nicht auf die „Statuswippe" (s. Abschnitt Grenzen und Stolpersteine, S. 95) zu gehen, sich auf keine Diskussionen einzulassen oder sich ablenken zu lassen – die berühmten und gern gewählten Nebengleise. Ebenso wenig ist es sinnvoll, mit Erklärungen und/oder Belehrungen zu kommen. Das gibt dem Sprössling lediglich Möglichkeiten für neue Nebengleise und steigert seinen Widerstand und Trotz.

Sattdessen:

Stellen Sie sich eine Schallplatte vor, deren Nadel hängen bleibt und immer und immer wieder genau dasselbe abspielt. Genauso spielen Sie nun die „kaputte Schallplatte", indem Sie immer und immer wieder im gleichen Tonfall Ihr Bedürfnis und Ihren Wunsch äußern, eventuelle Provokationen des Gegenübers ignorieren und Ihren authentischen Status in der Gewissheit, dass Ihr Bedürfnis legitim ist, beibehalten. Sie werden dabei nicht aggressiver, lauter, drohender und lassen keine Unsicherheit, Angst oder Selbstzweifel in sich selbst hochkommen bzw. zeigen diese nicht. Stellen Sie sich außerdem darauf ein, dass Sie die „kaputte Schaltplatte" unter Umständen eine halbe Stunde oder länger abspielen müssen.

Wenn Sie von vornherein im Zeitdruck sind oder genau wissen, dass Sie nicht den Nerv für diese langwierige Konfrontation haben, gehen Sie die Stufen trotzdem durch. An dem Punkt, wo die Schallplatte kommen sollte, folgt bei Ihnen dann das Aufzeigen der Konsequenz: „Wenn du auf dein Handy jetzt nicht verzichten kannst, kannst du leider nicht mitessen und musst den Tisch verlassen. Entscheide dich bitte jetzt, es liegt an dir. Wir würden gerne mit dir zusammen essen." So machen Sie Ihrem Sohn klar, dass es Ihnen lieber ist, mit ihm zusammen zu essen, aber es nicht dulden, dass er die Regel nicht einhält. Und – ganz wichtig – er hat die Entscheidung in der Hand – und ebenso die Verantwortung!

Da das Prinzip der „nicht eskalierenden Beharrlichkeit" das A und O der konfrontativen Pädagogik darstellt, stellen wir Ihnen zur weiteren Verdeutlichung ein typisches Beispiel aus unserer täglichen Praxis vor. Dazu gilt es zu wissen, dass eine Regel in unserer Einrichtung ist, dass in den Räumen keine Mützen getragen werden, denn sie bieten eine zu gute Möglichkeit, sich zu verstecken.

Stufe 1 – Sachverhalt abwertungsfrei benennen:

> *„Hallo Kevin (Name frei erfunden), schön, dass du da bist, du hast vergessen, deine Mütze abzunehmen", oder: „Vergiss bitte nicht, deine Mütze abzunehmen."*

Jegliche Verletzung und Herabstufung wird vermieden. Der Sachverhalt wird wohlwollend und abwertungsfrei benannt.

→ Kevin nimmt die Mütze nicht ab.

Stufe 2 – Ärgermitteilung:

> *„Kevin, ich ärgere mich, weil ich anfangen möchte, aber durch deine Mütze bin ich abgelenkt."*

„Ich …, weil ich …" bedeutet, dass man Verantwortung für seine Gefühle in diesem Konflikt übernimmt. Bei „kleinen" Konflikten kann
die Ärgermitteilung auch übersprungen werden!

→ Kevin nimmt die Mütze immer noch nicht ab.

Stufe 3 – Bedürfnisäußerung:

„Ich möchte beginnen und deine Mütze stört mich. "

„Ich möchte" statt „Ich möchte nicht". Es ist wichtig und sinnvoll,
wenn man sagt, was man will – die positive Formulierung kommt bei
dem Kind oder Jugendlichen viel besser an. „Ich möchte nicht", hören
die Kids auf dem „Befehlsohr", als provokanten Befehl von oben herab.

Hierzu ein anderes kleines Beispiel: Ein Kind spielt Ball, wo es
dies nicht darf. Es ist immer effektiver, klarer und eindeutiger, wenn
man zu ihm sagt: „Ich möchte, dass du hier mit dem Ballspielen auf-
hörst", anstatt zu sagen: „Ich möchte nicht, dass du hier Ball spielst."

Aber wieder zurück zu Kevin. In der Stufe 3 benennen wir unser
Bedürfnis, hier z.B. Respekt und Achtung und eine störungsfreie
Gruppe. Wenn die erste Ebene, also die persönliche, stimmt, d.h., Haltungen, Meinungen und Denkweisen überprüft und klar und eindeutig
festgelegt sind, dann sind auch die Bedürfnisse legitim! Machen Sie
sich das immer wieder bewusst und lassen Sie sich nicht einschüchtern!

→ ... und Kevin? Er nimmt die Mütze immer noch nicht ab!

Stufe 4 – Wunschäußerung:

„Bitte setz die Mütze ab."

Sie sind weiterhin authentisch, d.h., Sie sind und bleiben souverän
und wertschätzend. Dies verleiht Ihnen Stärke, die Sie brauchen. Es
gibt auch eine kleine Variante der Stufe 4, eine Art Verständnismittei-
lung: „Ich weiß, Kevin, du trägst die Mütze gern, aber bitte setz sie

ab", oder: „Ich weiß, das ist deine Lieblingsmütze, aber bitte setz sie jetzt ab. Ich lege sie auch an einen sicheren Ort, damit sie nicht schmutzig wird oder in falsche Hände gerät ..."

→ Kevin nimmt die Mütze immer noch nicht ab.

Stufe 5 – Konfrontative Variante der Wunschäußerung:

> „Ich möchte, dass du jetzt deine Mütze abnimmst! Nimm sie ab, jetzt!"

Kevin hat immer noch die Chance, sein Gesicht zu wahren. Wenn Kevin jetzt die Mütze abnimmt, dann ist alles in Ordnung, und es muss auch wirklich in Ordnung sein. Das heißt, das Ganze ist geklärt, es bleibt nichts zurück und wird auch nicht mehr bei neuen Konflikten „aus dem Keller" geholt.

Wenn Kevin die Mütze nach wie vor nicht abnimmt, wiederholen wir unsere Wunschäußerung mit einem festen, entschlossenen Blick (nicht anstarren) und mit sicherem Stand (nicht zu nahe treten, kein drohend erhobener Zeigefinger). An dieser Stelle sollten (noch) keine Sanktionen ausgesprochen werden. Konsequenzen erfolgen nur dann relativ schnell, wenn die von uns festgelegten Regeln (im Wesentlichen RAD) verletzt werden, da die Kids diese meist schon lange kennen und im Grunde manchmal nur testen wollen, ob wir auch konsequent sein können. Bei der „nicht eskalierenden Beharrlichkeit" hingegen sprechen wir Konsequenzen selten und nur als allerletztes Mittel aus. Denn: Stimmt die Authentizität, brauchen wir keine Sanktionen, dann kommen wir nur mit Beharrlichkeit ans Ziel.

Geben Sie nicht auf! Rufen Sie sich wieder und wieder ins Gedächtnis, dass Ihr Bedürfnis legitim ist, ignorieren Sie Provokationen und sonstige Ablenkungsmanöver, denn wenn Sie darauf eingehen, sind Sie auf einem Nebengleis und fast immer gleichzeitig auf der „Statuswippe", schauen Sie nicht auf die Uhr, behalten Sie Ihren authentischen Status bei, werden Sie nicht lauter, drohender, aggressiver, sondern spielen Sie die kaputte Schallplatte, bei der die Nadel an einer Stelle hängen bleibt, wiederholen Sie immer wieder Ihr Bedürfnis, im gleichen Tonfall. Werden Sie nicht unsicher und ängstlich, und wenn doch, dann zeigen Sie dies bloß nicht!

Kann man mit Kindern jeden Alters die konfrontative Pädagogik betreiben?

Generell fangen wir mit Kindern ab der 3. Grundschulklasse an. Ab dieser Altersstufe beginnen sie, Zusammenhänge herzustellen und Begründungen und Erklärungen zu verstehen bzw. einzusehen. Sie können Verantwortung übernehmen und verstehen, was Eigenverantwortung bedeutet. Ebenso lernen sie, eigene Entscheidungen zu treffen („Die Entscheidung liegt bei dir" – unser oft zitierter und so wichtiger Schlüsselsatz).

Das Thema Beharrlichkeit funktioniert allerdings auch schon früher, selbst bei Babys, wenn sie zum Beispiel zu krabbeln beginnen und alle Schränke und Schubladen aufmachen wollen. Wenn man hier ruhig, gelassen und festbleibt, immer und immer wieder Nein sagt und sie vom jeweiligen „Objekt der Begierde" wegzieht, wird dieses Vorgehen irgendwann von Erfolg gekrönt sein. Und vor allem geht es, ohne böse zu werden.

Sie sehen, früh übt sich! Ein solcher Erziehungsstil wird der ganzen Familie guttun – sowohl Ihnen als Eltern als auch den Kindern, die verlässliche, gelassene und trotzdem konsequente, interessierte und anwesende Eltern erleben. Da alle Kinder, auch und vor allem die ganz kleinen, positive und negative Stimmungen wahrnehmen, ohne sie mit dem Verstand einordnen zu können bzw. ohne dass man sie ihnen rational erklären kann, gibt die „nicht eskalierende Beharrlichkeit" ihnen schon ganz früh Orientierung, Sicherheit und Vertrauen und legt eine gute Grundlage.

Alle Beziehungen, egal ob zwischen Eltern und eigenen Kindern oder Jugendleitern und den ihnen anvertrauten Kids, sind einem ständigen Hoch und Tief unterworfen. Wichtig ist, dass ein Grundvertrauen vorhanden ist, dass man sich gegenseitig akzeptiert, respektiert und mag. Dann können einer guten Beziehung auch kurzzeitige Schwierigkeiten und Konflikte aufgrund eingeforderter Regeln und Grenzen – also Konfrontation – nichts anhaben.

Verhalten ignorieren – Verhalten erlauben

Diese gute Grundlage entsteht nur dann, wenn Sie als Erwachsener nicht launisch agieren, unbegründet schon gemachte Zusagen zurücknehmen oder völlig willkürlich handeln. Machen Sie sich bewusst: **Verhalten, das Sie ignorieren, ist Verhalten, das Sie erlauben.** Übrigens ein weiterer wichtiger Satz in der konfrontativen Pädagogik.

Um Ihnen deutlich zu machen, wie wichtig eine gute und tragfähige Beziehung ist – Konfrontation funktioniert nur, wenn die Basis der Beziehung stimmt –, nehmen wir als Beispiel ein Bankkonto mit seinen Buchungen im Soll und Haben. Hier geht es allerdings nicht um Geld, sondern um Gefühle, deshalb nennen wir es das emotionale Bankkonto.

Bevor Sie zu konfrontieren beginnen, sollte Ihr Bankkonto bei dem betreffenden Kind schon im Haben sein, das heißt, es sollten gegenseitiger Respekt und Wertschätzung vorhanden sein.

Die gute Beziehung entsteht von Ihrer Seite aus gesehen dann, wenn Sie die Kinder unterstützen, sie annehmen mit ihren Stärken und Schwächen und sie gernhaben. Dann werden Sie von ihnen sogar quasi die Erlaubnis zur Konfrontation bekommen. Damit ist gemeint, dass Sie von den Kindern akzeptiert werden als jemand, der ihnen etwas zu sagen hat, der Regeln und Grenzen setzen und Fehlverhalten ansprechen und kritisieren darf.

Wenn Ihr Konto im Haben ist, macht es auch nichts, wenn Sie mal Soll-Positionen zu verbuchen haben (wenn Sie vielleicht mal ungerecht oder vorschnell sanktionieren oder einen schlechten Tag haben und die Gelassenheit verlieren) – es dürfen nur nicht zu viele werden. Achten Sie darauf, dass die Buchungen vorrangig im Haben stattfinden, dass Sie also nicht willfährig gegenüber den Kindern sind, sondern sich berechenbar und verlässlich zeigen. Wer hart – im Sinne von konsequent und entschlossen – Nein sagen kann, kann auch verlässlich Ja sagen! Denken Sie daran, immer mal wieder den Stand Ihres Bankkontos bei jedem einzelnen der Ihnen anvertrauten Kinder zu überprüfen.

Übrigens macht es einen gewaltigen Unterschied, ob Sie als Eltern Ihren eigenen Kindern gegenübertreten oder ob Ihnen Kinder und Jugendliche als Jugendleiter oder Pädagoge anvertraut sind. Mit den eigenen Sprösslingen ist man emotional viel mehr verbunden, und es fällt deshalb viel schwerer, Distanz zu halten. Man tendiert eher dazu, über Dinge hinwegzusehen und/oder Dinge durchgehen zu lassen – was ganz normal ist. Wichtig ist, dass Sie sich dessen bewusst sind und sich selber überprüfen und als Eltern gegenseitig reflektieren, also über die Situationen sprechen und sich Rückmeldung geben. Dies sollte nicht in Form einer Anklage geschehen: „Das hast du total falsch gemacht, ich hätte es besser gekonnt", sondern dadurch, dass man sich gegenseitig Tipps gibt und einander aufmerksam macht.

Gefahren und Stolpersteine

Das Selbstkonzept des Jugendlichen

Wie schon kurz an anderer Stelle in diesem Buch erwähnt, neigen Kids, die sich eher negativ bewerten, mehr zu Gewalt als andere. Sie sind frustriert, orientierungslos, haben wenig bis gar kein Selbstvertrauen und schlagen ihre Opfer, um Frust abzubauen oder um sie klein zu machen, damit sie selbst größer werden bzw. zumindest größer wirken. Sie benutzen ihre Opfer quasi als Tankstelle für ihr Selbstbewusstsein. Menschen, die sich hingegen positiv sehen, neigen weniger zu Straftaten.

Wenn wir Kinder, die sich negativ bewerten, zu sehr konfrontieren, werden wir scheitern und nicht zu ihnen durchdringen, da sie in dieser Phase keinerlei Konfrontation annehmen können. Man sollte also zunächst herausfinden, ob sich das Kind bzw. der Jugendliche positiv oder negativ sieht – dann weiß man, ob Konfrontation angebracht ist oder nicht. Falls man mit Konfrontation nicht weiterkommt, sollte man zunächst überprüfen, warum sie nicht funktioniert. Wenn der Jugendliche sich extrem negativ bewertet und wirklich alles und alle blöd sind, müssen wir versuchen, ihn von dort herauszuholen. Zunächst einmal akzeptieren wir ihn, so wie er ist, mit seinem Verhalten, außer, es ist selbst- oder fremdgefährdend. Außerdem müssen wir es schaffen, dem Jugendlichen ein Erfolgserlebnis zu geben. Diesbezüglich muss man dranbeleiben, kreativ sein, den Mut haben auszuprobieren. Man muss Hypothesen bilden und diese überprüfen – was für

Stärken hat der Jugendliche, was kann er gut bzw. bei was ist er sicher? Jeder hat Stärken!

Wie der Name schon sagt, geht es beim Selbstkonzept darum, wie man sich selbst einschätzt und sieht. Das Ergebnis ist wiederum ausschlaggebend dafür, wie man an neue, schwere und unbekannte Aufgaben herangeht, was für Ziele man sich steckt, was man bereit ist, dafür zu investieren, welche Ausdauer man dabei an den Tag legt und wie man mit eventuellen Rückschlägen umgeht.

Die Auswirkungen des Selbstkonzepts gelten für Kinder, Jugendliche und Erwachsene gleichermaßen. Wie schätze ich mich selbst ein und was traue ich mir zu? Man könnte auch sagen: Wie hoch ist mein Selbstbewusstsein und wie realistisch ist die Einschätzung meiner Leistungsfähigkeit? Denn es ist auch wichtig, Kinder und Jugendliche vor gnadenloser Selbstüberschätzung zu warnen und zu schützen.

Aus unserem Alltag heraus lässt sich beobachten, dass durch negative Botschaften, z.B. „Du kannst das eh nicht …", ein mangelndes Selbstvertrauen erzeugt wird, welches sich dauerhaft negativ auf die Entwicklung der Kinder und Jugendlichen auswirkt, bis hin zu einer traumatischen Langzeitwirkung. Manche Kinder stecken förmlich in einem Teufelskreis des negativen Selbstkonzepts.

Was kann man tun, um sie da herauszuholen? Die Einschätzung der eigenen Leistungsfähigkeit und Selbstvertrauen entwickeln sich dann, wenn es uns gelingt, den Kids Gelegenheiten zu Erfolgserlebnissen zu geben. Dies fängt oft im ganz Kleinen an. Positive Leistungserfahrungen wirken sich im kognitiven und emotionalen Bereich positiv aus. Die Kinder bekommen langsam Vertrauen in die eigene Leistungsfähigkeit und trauen sich immer mehr zu. Es ist wichtig, die Betreffenden in dieser Zeit nicht zu überfordern, sondern sie zu behandeln wie einen kleinen zarten Pflanzenkeimling.

Zu wissen, was man kann, beeinflusst auch das Verhalten. Man geht nur an Aufgaben heran, von welchen man glaubt, sie bewältigen zu können. Man vermeidet hingegen Situationen, bei denen man das Gefühl hat, sie nicht zu schaffen. Dies bewirkt, dass seltener Rückschläge eingesteckt werden müssen; und wenn diese doch kommen, ist man ausdauernder. Erfolgserlebnisse sind in der Regel verbunden mit Wertschätzung, diese wiederum fördert Motivation für neue Aufgaben. Man ist bereit, sich noch mehr anzustrengen.

Die „Statuswippe"

Neben den Versuchen, mit Ihnen zu verhandeln und/oder Sie auf Nebengleise zu locken, indem sie von anderen Dingen zu reden anfangen, um von dem eigentlichen Konfrontationsthema abzulenken, versuchen die Kids auch gerne, auf die „Statuswippe" zu gehen. Denken Sie mal an die Wippen, die Sie von den Spielplätzen kennen – sie funktionieren nur, wenn mindestens zwei Personen jeweils am entgegengesetzten Ende aufsteigen.

In konfrontativen Situationen versuchen die Kinder bzw. Jugendlichen, die Oberhand zu bekommen. Dies geschieht zum einen, indem sie sich selbst überhöhen und z.B. tolle Geschichten über sich selbst erzählen, herausstellen, wie gut sie etwas können, was sie besitzen, schon gemacht haben usw. Alternativ versuchen sie es mit der „Mitleids-Jammer-Tour". Durch Selbstherabsetzung („Ich weiß, ich bin einfach zu blöd, ich kann das nicht, bin sooo schlecht, mir geht's nicht gut ...") wollen sie bei Ihnen Mitleid und Schonung erreichen.

Beim Versuch, ein Ziel zu erreichen, ist auch die sogenannte Fremderhöhung ein beliebtes Mittel: Sie schmeicheln ihrem Gegenüber und bewundern es („Maria, du bist eine viel coolere Betreuerin als die anderen hier"; „Mama, du bist viel lieber als Papa, dich hab ich viel lieber – darf ich heut länger raus?").

Eine weitere Form, die man häufig findet, ist die Fremdherabsetzung. Durch Mobbing, Lästern, Ausgrenzung usw. wird erreicht, dass der Betreffende sich schlecht fühlt und nachgibt.

Sobald Sie in konfrontativen Situationen auf solche Spielchen reagieren – da reicht schon allein eine Veränderung in Ihrer Mimik –, befinden Sie sich auf der Wippe und sind weg vom eigentlichen Thema. Am besten vermeiden Sie die Wippe, wenn Sie sich über deren Existenz im Klaren sind und das Prinzip der „nicht eskalierenden Beharrlichkeit" anwenden. Denken Sie dran: Für diese benötigen Sie unbedingt Selbstgewissheit und Authentizität. Je mehr Sie „von oben herab" reagieren, umso mehr Möglichkeiten für Wippenspiele gibt es.

Der Jugendleiter als General

Eine große Gefahr beim konfrontativen Arbeiten ist außerdem, dass man zu hart, zu streng oder zu militaristisch wird und ohne Wertschätzung konfrontiert. Dies macht mehr kaputt, als dass es nützt. Ablehnung, Widerstand, Trotz und Angst werden bei dem Ihnen Anvertrauten aufgebaut. Vordergründig wird er „funktionieren", also Ihren Vorgaben Folge leisten, aber er wird sich nicht mit der Notwendig- und Sinnhaftigkeit der Regeln auseinandersetzen, geschweige denn diese verinnerlichen. Bei der nächsten Gelegenheit wird das Kind oder der Jugendliche – zum Trotz und obwohl er vielleicht gar nicht wirklich will – ausbrechen.

Sie sehen nun noch einmal, wie wichtig und unerlässlich die Wertschätzung des Kindes ist, und wie zerstörerisch, wenn diese auf Dauer fehlt. Wir schreiben bewusst auf Dauer, denn, wie bereits erwähnt, es gibt nun mal diese Tage, wo es einem selber schlecht geht, man die Fassung verliert bzw. man das Kind einfach nur an die Wand klatschen möchte. Das macht Ihre Beziehung nicht kaputt, wenn sie ansonsten gut und stabil ist. Seien Sie nur nicht zu stolz, hinterher zu erklären, was los war, und sich zu entschuldigen – damit übernehmen Sie die Verantwortung für das Geschehene und das Kind hat eine weitere sehr wichtige Lektion gelernt: Sich zu entschuldigen und sein Fehlverhalten einzugestehen, ist kein Zeichen von Schwäche, sondern im Gegenteil: Es braucht dafür Mut und es zeugt von Größe! So sind Sie Ihrer Rolle als immerwährendes Vorbild absolut gerecht geworden.

Implosion oder Explosion

Eine weitere Gefahr besteht bei der Anwendung der „nicht eskalierenden Beharrlichkeit". Wenn trotz mehrfacher Bitte Ihr Gegenüber immer noch nicht bereit ist, die Regel einzuhalten, ist an dieser Stelle die Gefahr sehr groß, in eine Falle zu tappen. Die Falle heißt: Implosion oder Explosion.

Wenn wir implodieren, heißt das, dass wir keine Reaktion mehr zeigen, das Verhalten ignorieren und nicht länger am eigentlichen Ziel – dem Einfordern der Regel – dranbleiben. Wir machen einfach weiter und ärgern uns innerlich maßlos. Man spricht hier auch von Fluchtverhalten.

Gehen wir gedanklich zurück zu einem Grundsatz der konfrontativen Pädagogik: Verhalten, das du ignorierst, ist Verhalten, welches du erlaubst. Der Konflikt wird also in keinster Weise geklärt, sondern verdrängt. Das Kind oder der Jugendliche fühlt sich absolut als Sieger, wird das abspeichern und in der nächsten konfrontativen Situation wieder hervorholen. Er hat uns als schwach erlebt, als jemand, der nicht konsequent ist, den man nicht ernst nehmen muss.

Explodieren wir, wird unsere Stimme lauter, aggressiver, eventuell drohend. Der Puls schnellt nach oben, die Hände schwitzen, das Gesicht wird rot ... Jeder weiß selbst am besten, wie er unter Stress körperlich reagiert. Wir geraten in die sogenannte angreifende Verteidigung, indem wir anfangen, Sätze mit „Wenn du jetzt nicht, dann ...“ zu sagen. Eh wir uns versehen, sind wir mittendrin, Sanktionen anzudrohen und uns damit selbst in Zugzwang zu bringen, weil es dann in unserer Verantwortung liegt, die Erfüllung der Strafe zu kontrollieren. Dies entspricht jedoch nicht unserem ursprünglichen Ziel. Außerdem verlieren wir so die Wertschätzung gegenüber den Kindern und Jugendlichen. Langfristig gesehen geht so die Beziehung zu ihnen kaputt und wir landen gnadenlos im Soll – denken Sie an das emotionale Bankkonto.

Implosion:	Explosion:
Keine Reaktion Ignorieren	„In 3 Minuten ist die Mütze ab, sonst ...“
Fluchtverhalten	Angreifende Verteidigung

Spiele und Übungen

Im Folgenden wollen wir Ihnen Übungen und Spiele vorstellen, die verschiedene Ziele haben. Die meisten davon verwenden wir in Gruppen. Wir haben sie aber so variiert, dass man die meisten auch in der Familie verwenden kann. Generell sind sie ab ca. acht Jahren geeignet.

Für alle Spiele und Übungen gilt: Jeder kann Stopp sagen, wenn etwas wehtut oder es irgendein Problem gibt. Dieses Stopp muss von allen akzeptiert werden. Jegliche Aktion ist sofort einzustellen.

Mit der Durchführung der Spiele können folgende Ziele verfolgt werden:

- positiver Umgang mit Kraft und Aggression
- Kämpfen mit Fairness (meist ohne die Kategorien Sieg und Niederlage)
- Stärkung des Selbstvertrauens und der Handlungsfähigkeit
- Auseinandersetzung mit eigenen Gefühlen
- Erfahrung von bisher wenig beachteten Werten (z.B. Respekt, Achtung)

BEWEGUNGS- UND RAUFSPIELE

Bewegungs- und Raufspiele machen Spaß und unterstützen Jungen und Mädchen in ihrer persönlichen Entwicklung. Sie können lernen, wie sie sich behaupten können, ohne gewalttätig zu sein. Außerdem haben sie bei den Spielen die Möglichkeit, ihre sozialen und emotionalen Fähigkeiten zu verbessern. Dies ist kein offensichtlicher Prozess, er vollzieht sich eher versteckt. Raufspiele können immer und überall gemacht werden, vorausgesetzt, die Rahmenbedingungen, z.B. die Räumlichkeiten, das Gelände etc., lassen es zu.

BEWEGUNGSSPIELE

1. Auf dem Weg bleiben

Teilnehmerzahl: ab fünf, nach oben keine Grenze
Material: Linie, Seil, Klebeband, Balken oder Baumstamm
Ablauf: Die Teilnehmer stellen sich auf den „schmalen Weg" (Seil, Klebeband, Baumstamm etc.). Sie müssen sich nach verschiedenen Kategorien sortieren, z.B. nach Schuh- und Körpergröße, Anfangsbuchstaben der Namen, Alter, Haarfarbe etc.
Keiner darf den schmalen Weg verlassen, sonst müssen alle zurück in die Ausgangsposition und von vorne beginnen.
Variante: Gute Gruppen bekommen ein Handicap, z.B. muss jeder einen Tennisball oder Stein in die Hand nehmen, jedem Zweiten werden die Augen verbunden, die Hände zusammengebunden ...
Themen: Informationen bekommen, Berührungsängste abbauen, Kennenlernen
Gefahren: Stürze bei unebenem Untergrund

2. Scherensprung

Teilnehmerzahl: ab zwei, es wird immer zu zweit geübt
Material: keines
Ablauf: Ein Spieler sitzt mit gegrätschten Beinen auf dem Boden. Er stützt sich hinten mit den Armen ab. Der zweite Mitspieler stellt sich zwischen die geöffneten Beine. Der sitzende Spieler schließt und öffnet nun die Beine abwechselnd, während der andere mit geschlossenen bzw. gegrätschten Beinen springen muss, sodass ein flüssiger Rhythmus entsteht. Das Startkommando muss abgesprochen sein. Nach einer Weile können die Rollen getauscht werden.
Themen: Vertrauen, Koordination, Angst überwinden
Gefahren: Der Stehende kann dem Sitzenden auf die Beine springen. Langsam und sachte beginnen!

3. Beladen und Laufen

Teilnehmerzahl: ab vier, gerade Teilnehmerzahl, nach oben keine Grenze

Material: Streichhölzer, kleine Äste und Steine, Bierdeckel, Besteck, Blätter etc., Stoppuhr

Ablauf: Startpunkt und Ziel werden festgelegt. Es wird in Zweiergruppen gespielt. Der eine Spieler belegt seinen Partner mit ca. 10 Gegenständen. Dieser muss versuchen, diese in kürzester Zeit vom Start ins Ziel zu bringen. Dabei wird die Zeit gemessen. Es können mehrere Gruppen gegeneinander spielen. Pro verlorenem Gegenstand gibt es 5 Strafsekunden.

Themen: Spaß, Wettstreit, sich messen, Geschicklichkeit

Gefahren: Stolpern bei unebenem Untergrund

4. Begegnung auf der Linie

Teilnehmerzahl: ab zwei, nach oben keine Grenze

Material: Linie, Seil, Klebeband, dünner Balken, ein schmaler Baumstamm, umgedrehte Langbank, Schwebebalken mit Matten drunter etc.

Ablauf: Zwei Teilnehmer begegnen sich auf einer Linie. Sie müssen versuchen, aneinander vorbeizukommen, ohne dass einer dabei die Linie verlässt.

Variante: Handicaps verteilen, z.B. muss jeder einen Tennisball oder Stein in die Hand nehmen, die Augen werden verbunden, die Hände zusammengebunden etc.

Themen: Verständigung/Kommunikation, Berührungsängste abbauen, Rücksichtnahme

Gefahren: Stolpern bei unebenem Untergrund

RAUFSPIELE

1. Rückendrücken

Teilnehmerzahl: ab zwei, nach oben keine Grenze

Material: Linie, Seil, Klebeband oder andere Spielfeldmarkierung

Ablauf: Immer zwei Teilnehmer sitzen Rücken an Rücken und versuchen, sich gegenseitig über eine gewisse Markierung zu schieben. Am sichersten ist es, wenn sich beide Spieler einhaken.

Variante: Kann auch als Ausscheidungswettbewerb gespielt werden, d.h., immer der Sieger kommt eine Runde weiter.

Themen: Körperkontakt, sich messen, Berührungsängste abbauen

Gefahren: Aua! Wenn sich die Spieler nicht einhaken, kann man nach hinten fallen, wenn ein Spieler sich plötzlich vorbeugt.

2. Verteilungskampf

Teilnehmerzahl: ab fünf, nach oben keine Grenze
Material: größerer Ball (am besten ein Medizinball), Linie, Seil, Klebeband oder andere Spielfeldmarkierung
Ablauf: Ein Teilnehmer, welcher sich in der Mitte des Spielfeldes befindet, bekommt den Ball und muss diesen so lange wie möglich verteidigen. Ein oder mehrere Mitspieler versuchen, den Ball wegzunehmen. Wer den Ball erobert, darf ihn als Nächster verteidigen.
Variante: Man kann das Spiel auch mit mehreren Bällen spielen. Derjenige, der verteidigt, befindet sich in der Bankstellung und hat die Bälle zwischen seinen Händen und seinen Knien frei liegen. Drei andere Spieler versuchen, die Bälle wegzunehmen, allerdings dürfen sie dabei nicht vom Verteidiger berührt werden, sonst müssen sie ausscheiden und werden von einem anderen Spieler ersetzt. Das Spiel ist zu Ende, wenn alle Bälle erobert worden sind. Der Spieler, welcher den letzten Ball erobert, darf als Nächster verteidigen.
Themen: Strategie/Taktik, Geschicklichkeit, Konzentration, Risiko einschätzen
Gefahren: Bei der ersten Variante darauf hinweisen, dass nur gerungen werden darf. Es ist nicht erlaubt, zu schlagen, zu kratzen, zu beißen, an den Haaren zu ziehen, Finger umzubiegen o.Ä.

3. Schildkröten wenden

Teilnehmerzahl: ab sechs, nach oben keine Grenze
Material: Linie, Seil, Klebeband oder andere Spielfeldmarkierung
Ablauf: Die kleinen Schildkröten versuchen, das Meer zu erreichen. Ein Seeadler wartet nur auf Beute bzw. darauf, die Schildkröten umzudrehen und an ihr Fleisch zu kommen. Es wird ein Spieler ausgewählt, welcher der Seeadler ist. Alle anderen sind Schildkröten. Sie stellen sich auf der einen Seite des Spielfeldes auf und bewegen sich bei Spielstart auf allen vieren vorwärts, der Seeadler steht auf der anderen Seite. Die Schildkröten versuchen, die ande-

re Seite zu erreichen, der Seeadler möchte so viele wie möglich umdrehen. Wer umgedreht wurde, wird zum Seeadler. Es gibt so viele Durchgänge, bis alle Schildkröten umgedreht sind.

Themen: Strategie/Taktik, Geschicklichkeit, Körperkontakt

Gefahren: Es darf nur gerungen werden. Es ist nicht erlaubt, zu schlagen, zu kratzen, zu beißen, an den Haaren zu ziehen, Finger umzubiegen o.Ä.

4. Schulter titschen

Teilnehmerzahl: ab zwei, gerade Teilnehmerzahl

Material: keines

Ablauf: Es werden Zweiergruppen gebildet. Beide Spieler haben die Aufgabe, dem anderen möglichst oft mit den Fingerspitzen auf die Schulter zu tippen (titschen). Man selbst sollte dabei so wenige „Titscher" wie möglich abbekommen. Es ist erlaubt, die Hand des Gegners abzuwehren.

Variante: Kann auch als Wettbewerb gespielt werden. Wer z.B. zuerst fünf Treffer hat, ist eine Runde weiter.

Themen: Spaß, Geschicklichkeit, Konzentration, Ausdauer, Taktik

Gefahren: Man sollte aufpassen, dass man den Gegner nicht ins Gesicht trifft.

5. „Verpiss dich!"

Teilnehmerzahl: ab zwei

Material: keines

Ablauf: Die beiden Teilnehmer stehen sich in einem Abstand von ca. 1,5 m gegenüber. Einer sagt: „Verpiss dich", der andere antwortet: „Nein, ich bleibe hier." Dies wird so lange wiederholt, bis einer der beiden Mitspieler anfängt zu lachen. Lachen ist gesund! Wer wann wie oft welchen Satz sagt, ist egal. Die Rollen werden anschließend oder später gewechselt. Gesten, Mimik und Veränderungen der Stimme sind erwünscht.

Themen: Nein sagen, die eigene Meinung vertreten, standhaft bleiben

6. Aufstehkampf

Teilnehmerzahl: drei
Material: Stoppuhr
Ablauf: Drei Teilnehmer sitzen in Sternform Rücken an Rücken. Die Beine sind ausgestreckt, die Hände liegen auf den Schenkeln. Einer der Spieler hat das Ziel, aufzustehen. Sobald er sich bewegt, müssen ihn die anderen daran hindern, in den Stand zu kommen. Der Spieler hat zwei Minuten Zeit.
Variante: Ein Erwachsener oder sehr kräftiger Teilnehmer versucht aufzustehen, dann können auch drei oder mehr Mitspieler versuchen, ihn daran zu hindern.
Themen: Durchsetzungsvermögen, Strategie, Fairness
Gefahren: Es darf nur gerungen werden. Es ist nicht erlaubt, zu schlagen, zu kratzen, zu beißen, an den Haaren zu ziehen, Finger umzubiegen o.Ä. Schwitzkästen oder verkeilte, eingeklemmte Beine sind nur kurzfristig erlaubt. Dann macht es allen auch mehr Spaß.

7. Schenkelklatschen

Teilnehmerzahl: ab vier
Material: Klebeband oder Seil als Spielfeldmarkierung, zwei Stühle oder andere Sitzgelegenheiten
Ablauf: Bei diesem Spiel heißt es „jeder gegen jeden". Es wird ausgeteilt und eingesteckt. Die Spieler bewegen sich innerhalb des markierten Feldes wild durcheinander. Jeder versucht, dem anderen mit der flachen Hand auf die Oberschenkel zu klopfen. Die Pausenstühle stehen am Rand des Feldes. Wer darauf Platz nimmt, darf nicht mehr angegriffen werden. Man darf aber höchstens zehn Sekunden sitzen bleiben. Nach ca. drei bis fünf Minuten wird eine Pause gemacht.
Variante: Der Po zählt zur Trefferfläche dazu.
Themen: austeilen und einstecken können
Gefahren: Es sollte darauf geachtet werden, dass nicht übertrieben hart zugeschlagen wird und möglichst wenige Schläge danebengehen bzw. dies nicht absichtlich geschieht.

8. Die Statue stürzen

Teilnehmerzahl: ab drei

Material: Matten oder weicher Untergrund (z.B. Wiese oder Moos), Stoppuhr

Ablauf: Ein Spieler und so viele Gegner, wie es fair erscheint, werden ausgewählt. Der auserwählte Spieler steht in der Mitte des Feldes bzw. der Matten. Ziel der anderen ist es, ihn zu Boden zu bringen. Wenn er mit dem Rücken, der Brust oder der Körperseite den Boden berührt, ist der Kampf zu Ende. Es wird vorher eine bestimmte Zeit vereinbart.

Variante: Die Ausgangsposition ist nicht stehend, sondern kniend.

Themen: Spaß, Ausdauer, Taktik, Fairness, Körperkontakt

Gefahren: Es darf nur gerungen werden. Es ist nicht erlaubt, zu schlagen, zu kratzen, zu beißen, an den Haaren zu ziehen, Finger umzubiegen o.Ä.

9. Befreiungskampf

Teilnehmerzahl: mindestens fünf

Material: Matten oder weicher Untergrund (z.B. Wiese oder Moos)

Ablauf: Ein Spieler legt sich in die Mitte des Spielfeldes flach auf den Boden. Er ist das Opfer. Zwei oder drei weitere Mitspieler halten ihn am Boden fest. Wenn das Startsignal durch den Spielleiter kommt, dürfen zwei bis drei weitere Mitspieler dazukommen und versuchen, das „Opfer" zu befreien, sodass es abhauen kann. Die Spieler, die das „Opfer" fixieren, versuchen, dies zu verhindern. Dann werden die Rollen getauscht.

Themen: Spüren, wie es ist, Opfer zu sein, Taktik, Fairness, Körperkontakt

Gefahren: Es darf nur gerungen werden. Es ist nicht erlaubt, zu schlagen, zu kratzen, zu beißen, an den Haaren zu ziehen, Finger umzubiegen o.Ä.

10. Sohlenkampf

Teilnehmerzahl: ab zwei

Material: keines

Ablauf: Zwei Spieler sitzen sich im Schwebesitz gegenüber. Ziel ist es, den anderen durch Tritte gegen die Fußsohlen aus dem Gleichgewicht zu bringen. Es dürfen nur die Sohlen getreten werden, andere Körperteile nicht.

Variante: Kann auch als Wettbewerb gespielt werden, sodass in jeder Runde jemand ausscheidet.

Themen: Spaß, Ausdauer, Taktik, Gleichgewicht halten

11. Kampf ums Überleben

Teilnehmerzahl: ab zwei

Material: Matten oder weicher Untergrund, ein Bettlaken

Ablauf: Zwei Spieler sitzen oder knien sich auf dem auf den Matten ausgebreiteten Bettlaken gegenüber. Das Bettlaken stellt ein Floß dar. Die beiden Spieler sind Schiffbrüchige, die ums Überleben kämpfen. Die Vorräte reichen nicht mehr lange für beide. Also versuchen sich die Spieler gegenseitig vom Floß zu werfen. Beide können den Beginn des Kampfes mit ihren Aktionen selbst bestimmen. Sollte ein Körperteil eines Spielers im „Wasser" sein, wird dieser von den Haien (Mitspieler, die um das Floß sitzen) gefressen. Das Spiel ist dann beendet.

Variante: Mehrere Personen sind auf dem Floß und jeder kämpft gegen jeden.

Themen: Spaß, Taktik, Körperkontakt

Gefahren: Es darf nur gerungen werden. Es ist nicht erlaubt, zu schlagen, zu kratzen, zu beißen, an den Haaren zu ziehen, Finger umzubiegen o.Ä.

12. Boxen

Teilnehmerzahl: ab zwei

Material: Matten oder Seil(e) für Boxring, zwei Paar Boxhandschuhe, Stoppuhr

Ablauf: Die Gegner begrüßen sich in der Mitte des „Boxringes" (kann auch eine Mattenfläche sein oder ein anderes abgestecktes markiertes Feld). Ein Kampf dauert zwei Minuten. Trefferfläche ist nur der Oberkörper, d.h. die Fläche unterhalb des Halses und oberhalb der Gürtellinie. Unabsichtliche Treffer an anderen Stellen kommen immer wieder vor und werden verwarnt. Tritte mit den Füßen, selbst wenn sie nur angedeutet sind, ebenfalls. Bei drei

Verwarnungen für einen Boxer wird der Kampf abgebrochen und der andere zum Sieger erklärt. Wenn ein Boxer den Ring verlässt, darf nicht weitergeboxt werden. Ein „Ringrichter" ist erforderlich.

Variante: Das Spiel kann auch als Wettbewerb im Ausscheidungsverfahren gespielt werden. Der „Ringrichter" oder ein Helfer müssen dann die Treffer zählen.

Themen: Spaß, Ausdauer, Taktik, Fairness

Gefahren: Es sollte auf die Gefahr bei Schlägen in den Magen (Solarplexus) hingewiesen werden.

ANDERE SPIELE

1. Zuschnappen

Teilnehmerzahl: mindestens drei

Material: keines

Ablauf: Alle stehen im Kreis, nur der „Ansager" nicht (bzw. bei nur drei Personen stehen sich zwei gegenüber, der „Ansager" steht daneben mit etwas Abstand). Jeder Teilnehmer hält seine geöffnete rechte Hand ausgestreckt mit der Handfläche nach oben vor den Bauchnabel des rechten Nachbarn. Gleichzeitig stellt jeder Teilnehmer seinen langgestreckten linken Zeigefinger mit leichter Berührung auf die Handfläche vor seinem Bauchnabel.

Der Ansager zählt bis drei, allerdings erst, wenn die gesamte Gruppe ruhig und konzentriert ist und die Ausgangspositionen stimmen. Bei drei ziehen die Teilnehmer ihren linken Zeigefinger schnell nach oben, bevor dieser vom Nachbarn festgehalten wird, mit der rechten Hand versuchen sie gleichzeitig, den Zeigefinger ihres Nachbarn zu schnappen. Vereinfacht gesagt: Bei drei gilt: rechts zuschnappen, links wegziehen.

Wer schafft eins von beide, wer beides? Anschließend wiederholt man das Ganze zwei- bis dreimal.

Variante: Die Teilnehmer müssen die Augen schließen. Wichtig ist, dass man erst beginnt, wenn Ruhe ist und wirklich alle Augen geschlossen sind.

Themen: Ruhe in die Gruppe bringen, Kennenlernen, Konzentration, Koordination, Impulsumsetzung (Zusammenspiel der rechten und linken Gehirnhälfte), Auflockerung für zwischendurch

2. Revolverspiel

Teilnehmerzahl: mindestens zwei, gerade Teilnehmerzahl
Material: keines
Ablauf: Die Paare stehen sich im Abstand mit ungefähr doppelter
Unterarmlänge gegenüber, beide haben die Arme seitlich locker
am Körper hängen. A agiert und B reagiert. Wenn A – ohne zu
reden – wie ein Westernheld mit beiden Händen die Revolver
zieht, nimmt B als Reaktion darauf die Hände hoch. Dann gehen
beide sofort wieder in die Ausgangsposition. Nimmt A die Hände
hoch, reagiert B und zieht den Revolver.

A gibt immer weiter Impulse und sucht dabei spontan aus, ob er
die Revolver zieht oder die Hände hebt. Dabei kann er ruhig
mehrere Male hintereinander denselben Impuls geben. Der Ansager gibt nach einer Weile einen weiteren Impuls hinzu: die Kusshand; B reagiert darauf ebenfalls mit einer Kusshand. Wiederum
nach einiger Zeit lässt der Ansager wechseln und B wird zum
Agierenden, A zum Reagierenden.

Interessant für Sie als Ansager wird es unter anderem sein, zu
beobachten, dass es manchen Kids ganz schön schwerfällt, mit
„Hände hoch" zu reagieren. Sie würden viel lieber „zurückschie-
ßen". Und bei der Kusshand werden Sie einige Proteste und Kommentare zu hören bekommen: „Das mach ich nicht, bin doch nicht
schwul" usw. Bleiben Sie dran und fordern Sie die Spielregeln ein,
und Sie werden feststellen, wie viel Spaß es den Teilnehmern auf
einmal doch bereitet. Hinterher können Sie das Spiel gut auswerten, indem Sie die Situationen auf das Leben der Jugendlichen
übertragen. Auch dass man nicht sofort Nein sagen soll und Dinge
als blöd, peinlich, albern, kindisch usw. abtut, sondern dass man
sich auf Neues einlassen soll und erst mal ausprobiert, selbst die
Erfahrung macht …
Themen: Schulung der Reaktions- und Konzentrationsfähigkeit, den
Zusammenhang Aktion/Reaktion erleben, Auflockerung

3. Bis 21 zählen

Teilnehmerzahl: mindestens 10, maximal 20
Material: keines
Ablauf: Die Teilnehmer sitzen im Stuhlkreis und erhalten die Anwei-

sung, abwechselnd bis 21 zu zählen. Eine Person wird zum Oberzähler ernannt; er muss bei Zählfehlern wieder bei eins beginnen. Folgende Bedingungen erschweren das Ganze:

Eine Person darf immer nur eine Zahl sagen, nicht mehrere Zahlen hintereinander; der rechte und linke direkte Nachbar der Person, die eine Zahl gesagt hat, darf nicht unmittelbar danach die nächste Zahl sagen;

es wird mit geschlossenen Augen gezählt, auch der Oberzähler hat die Augen zu;

immer nur eine Person darf eine Zahl nennen, wenn zwei oder mehrere gleichzeitig dieselbe Zahl nennen, fängt der Oberzähler wieder bei eins an.

Der Oberzähler darf auch selbst mitzählen. Gleichzeitig passt er auf, wenn Zählfehler auftreten, dann fängt er wieder bei eins an. Sie als Gruppenleiter passen mit auf. Wenn Ihnen ein Fehler auffällt, sagen Sie „Fehler", und der Oberzähler fängt von vorn an. Gelangt die Gruppe bis 21, fragen Sie in die Runde, ob wirklich jeder mindestens einmal eine Zahl genannt hat. Wenn nicht, ist die Aufgabe nicht erfüllt, und es geht von vorn los.

Variante: Wenn mehr bzw. weniger Personen mitmachen, kann man einfach eine niedrigere bzw. höhere Zahl angeben.

Themen: Konzentration, Ruhe, Gruppenkontakt, sich aufeinander einlassen, die anderen erspüren, aufmerksam sein, sich aufeinander einspielen, Teamfähigkeit schulen

4. Ohne anzuhalten

Teilnehmerzahl: beliebig

Material: leere Glasflasche 0,5 l oder 0,75 l, Tischtennisball, Tisch

Ablauf: Die Flasche steht am Rand auf dem Tisch; der Tischtennisball ruht auf der Flaschenöffnung. Die Teilnehmer stehen in einigen Metern Entfernung (mind. 5 Meter). Auf das Startzeichen hin laufen die Teilnehmer einzeln los, mit zügigem, entschlossenem und gleichzeitig lässigem und selbstsicherem Gang. Sie müssen auf den Tisch mit der Flasche zugehen, ohne anzuhalten, den Ball von der Flasche nehmen, um den Tisch herumlaufen, den Ball wieder auf die Flaschenöffnung setzen und genauso zügig zum Startpunkt zurückkehren. Wenn der Spielleiter möchte, kann er den Gang und was ihm sonst auffällt, anschließend kommentieren.

Der Ball darf natürlich nicht verloren und die Flasche nicht umgestoßen werden.

Nächste Stufe: Die Spieler laufen einzeln mit ausgestrecktem Arm los und schnippen den Ball mit Daumen und Mittelfinger von der Flasche, sodass er im hohen Bogen wegfliegt.

Je nach Stimmung und Anlass werden mehrere Durchgänge gemacht. Vor jeder Runde werden die Teilnehmer gefragt, ob sie der Meinung sind, dass sie es schaffen. Danach wird gemeinsam ausgewertet. Wie habt ihr es geschafft? Warum habt ihr es nicht geschafft? Hattet ihr einen Plan? Wart ihr überzeugt, dass ihr es schafft? Seid ihr mit Überzeugung und Selbstgewissheit an die Aufgabe rangegangen? Oder habt ihr gleich gedacht: „Das schaff ich eh nicht"?

Themen: Umgang mit und Aushalten von Frustration, Enttäuschung, Misserfolg, Dranbleiben, Konzentration, während man von anderen beobachtet wird, Zielstrebigkeit, Überwindung, Selbstsicherheit

5. Rot berühren

Teilnehmerzahl: mindestens fünf

Material: keines

Ablauf: Die Teilnehmer stehen relativ nah beieinander im Kreis, ohne sich zu berühren. Der Leiter erklärt, dass er im Folgenden verschiedene Aufgaben stellt, bei denen Positionen einzunehmen sind. Diese Positionen müssen gehalten werden, bis der Leiter das Spiel für beendet erklärt.

Aufgabe 1: Mit dem rechten Arm beim direkten rechten oder linken Nachbarn etwas Rotes berühren.

Aufgabe 2: Mit dem linken Arm beim direkten rechten oder linken Nachbarn etwas Gelbes berühren.

Aufgabe 3: Mit dem rechten Fuß bei den direkten Nachbarn etwas Blaues berühren.

Aufgabe 4: Mit dem linken Fuß beim Nachbarn etwas Braunes oder Schwarzes berühren.

Wichtig: Bevor die nächste Aufgabe gestellt wird, muss bei allen kontrolliert werden, ob sie etwas gefunden haben, und darauf geachtet werden, dass die jeweiligen Positionen gehalten werden. Wenn jemand denkt, er kann nichts finden, kann man ihm ein wenig Hilfestellung geben, z.B., dass er blonde Haare als gelb gelten lassen kann oder rote Lippen, Ohren, Wangen berühren kann. Man kann auch mal den Pulli – natürlich erst fragen – heben und nach dem T-Shirt oder Gürtel gucken.

Am Ende macht man eine Auswertung und fragt nach, wer wie viele Aufgaben geschafft hat. Es ist wichtig, deutlich zu machen, dass drei erledigte Aufgaben immer noch gut sind und zwei immerhin die Hälfte sind – das wäre bei den Schulnoten wahrscheinlich noch eine 4.

Auch kann man auf die Kommentare eingehen, die während des Spiels geäußert wurden, wie z.B., dass es nicht geht, man nichts findet usw. Wenn die Kids sagen, dass das Spiel blöd, albern und kindisch ist und dass sie keine Lust mehr darauf haben, kann man dies gut auswerten und darauf hinweisen, dass es bedenklich ist, wenn sie schon bei solchen Kinderspielen scheitern und aufgeben. So kann man den Transfer zum realen Leben herstellen und ihnen aufzeigen, dass sie da bei Aufgaben auch nicht mehr Durchhaltevermögen zeigen werden.

Themen: Berührungsängste abbauen, in Kontakt kommen, kreativ sein, nach Lösungen suchen, Durchhalten

6. Füße treten

Teilnehmerzahl: mindestens zwei

Material: keines

Ablauf: Ab einer bestimmten Anzahl bietet es sich an, immer paarweise zu spielen; bei kleineren Gruppen kann man einen Kreis bilden lassen. Alle halten sich an den Händen. Die sich jeweils Gegenüberstehenden versuchen sich gegenseitig auf den Fuß zu treten; der Getroffene scheidet aus, neue Paare bilden sich, und so geht es weiter, bis zwei das Finale bestreiten; das Finalpaar kann man drei Entscheidungspunkte machen lassen.

Im Vorfeld sollte erklärt werden, dass es wichtig ist, dass die Beteiligten ehrlich sind und zugeben, wenn sie getroffen wurden. Bei ungerader Personenzahl bekommt einer ein „Freilos", d.h., er ist gleich eine Runde weiter.

Themen: Spaß haben, Bewegung, Gruppenkontakt, Auflockerung, Schnelligkeit, Geschicklichkeit

Gefahren: Es sollte auf die Verletzungsgefahr hingewiesen werden, wenn man zu fest tritt oder den Fuß zu weit nach oben nimmt, das Schienbein trifft o.Ä. Die Teilnehmer sollen daher nicht mit voller Wucht treten. Außerdem muss man auf die räumlichen Gegebenheiten hinweisen, wo gefährliche Ecken und Kanten sind, Gegenstände stehen, man hängen bleiben kann usw. Die Teilnehmer sollten aufeinander achtgeben.

7. Kegelspiel

Teilnehmerzahl: je mehr, umso besser, allerdings bei mehr als 20 je nach Räumlichkeit auf zwei Gruppen aufteilen; mindestens vier Teilnehmer, dann aber mit weniger Kegeln

Material: 12 Plastikflaschen 1,5 l, gefüllt mit etwas Vogelsand zur besseren Standfestigkeit; sie dienen als „Kegel"

Ablauf: Die Teilnehmer halten sich an den Händen, stehen im Kreis, die Kegel stehen in der Mitte. Es geht darum, jemand in die Kegel zu ziehen, sodass er einen oder mehrere Kegel umstößt. Derjenige muss den Kreis verlassen.

Los geht es immer auf Kommando. Wenn der Ansager Stopp ruft, wird unterbrochen, und es geht erst auf Kommando weiter.

Wenn die Kette reißt, ruft der Ansager ebenfalls Stopp und fragt, wer losgelassen hat. Gibt niemand es zu oder eine Diskussion entsteht, schickt der Ansager beide nach draußen.

Sind nur noch fünf Personen im Spiel, gilt die Regel mit dem Ausscheiden nicht mehr, der Ansager sagt lediglich Stopp und man sortiert sich neu. Dabei ist gut zu beobachten, ob jemand in kritischen Situationen mit Absicht loslässt, um ein Stopp zu erreichen. Derjenige sollte damit konfrontiert werden und muss gegebenenfalls rausgehen.

Themen: Aggressionsabbau, Spaß, Austoben, Aufwärmen

Gefahren: Die Teilnehmer sollten angewiesen werden, dass sie sich gegenseitig nicht mit voller Wucht und unbedingt zu Fall bringen sollen; wenn einer im Fallen ist, darf man ihn nicht einfach loslassen und über die Kegel schleudern bzw. voll in die Kegel fallen lassen, sondern sollte ihn möglichst gut begleiten, indem man ihn nicht gleich loslässt. Auch hier auf die räumlichen Gegebenheiten mit ihren möglichen Gefahrenstellen hinweisen.

8. Impulsspiel

Teilnehmerzahl: mindestens sechs, auf jeden Fall gerade Teilnehmerzahl

Material: Stühle, Tennisball, Münze, Klebeband

Ablauf: Die Teilnehmer werden in zwei Gruppen aufgeteilt und sitzen mit den Gesichtern zueinander in einem solchen Abstand, dass die letzten der Gruppe beide mit dem Arm gleich gut an den sich auf dem Boden befindlichen Tennisball herankommen. Die Position des Balls markiert man am Boden mit einem Stück Klebeband.

Alle haben die Augen geschlossen, nur die jeweils Ersten haben sie offen, damit sie den Leiter mit der Münze beobachten können. Dieser wirft die Münze hoch und lässt sie so auf seinem Handrücken aufkommen, dass beide gleichzeitig erkennen, welche Seite oben ist. Kopf bedeutet die Hand des Nachbarn drücken, Zahl bedeutet keinen Impuls geben.

Es geht darum, den richtigen Impuls – also Händedruck oder nicht – zu geben, und es geht darum, welche Gruppe den Impuls gegebenenfalls am schnellsten weitergibt. Die Gruppe, deren letzter Teilnehmer in der Reihe den Ball zuerst in der Hand hat, bekommt einen Punkt.

Nach einem Durchgang wird gewechselt und die Hintersten rutschen jetzt ganz nach vorn und sind die nächsten „Gucker". So geht es immer weiter, bis jeder mal „Gucker" und „Schnapper" war.

Themen: Konzentration, zur Ruhe kommen, Gruppendynamik, sich spüren, sich auf den anderen einlassen

Gefahren: Die beiden Schnapper sollten instruiert werden, dass sie auf ihre Köpfe achten, damit sie nicht zusammenstoßen, da sie nichts sehen.

9. Baut das Gleiche!

Teilnehmerzahl: mindestens zwei Personen (dann gehen allerdings nur Stufe 1 und 2)

Material: gleich große Anzahl absolut identischer Bauklötzchen, zwei Tische, zwei Stühle, Stoppuhr

Ablauf: Die zwei Tische stehen parallel zueinander im Raum, sodass die zwei Stühle mit den Stuhlrücken zueinander ca. 1 Meter voneinander entfernt stehen. Die beiden Säckchen mit identischem Inhalt werden auf die Tische geleert.

Zwei Freiwillige setzen sich auf die Stühle. Die Aufgabe ist es, in vier Minuten alle Bauklötzchen zu verbauen, wobei beide dasselbe Gebilde haben müssen. Es wird ein Vorbauer bestimmt, der dem Nachbauer erklärt, was er baut, welche Klötzchen er benutzt und wie er sie hinstellt. Die beiden dürfen sich nicht umdrehen. Wenn man das Gefühl hat, dass die Teilnehmer Schwierigkeiten mit der richtigen Bezeichnung der Klötzchen haben, kann man im Vorfeld eine Minute Zeit geben, in der sie sich absprechen können. Der Leiter sagt nach jeder Minute an, wie viel Zeit noch bleibt. Außerdem kündigt er nach jeder Minute eine neue Stufe an.

Stufe 1: Der Nachbauer darf nachfragen, wenn er Anweisungen des Vorbauers nicht verstanden hat.

Stufe 2: Der Nachbauer darf nicht mehr nachfragen.

Stufe 3: Der Nachbauer darf wieder nachfragen; die beiden werden sich zunächst freuen. Während die beiden kurz draußen warten, wird die Gruppe darüber informiert, dass sie sich erst ganz ruhig verhält. Wenn vom Leiter ein Zeichen kommt, fangen alle an, ganz laut durcheinanderzureden, sodass die beiden Bauenden sich nicht mehr wirklich verstehen können. Der Leiter kann auch noch gezielt zu den Bauenden hingehen und sie mit Fragen ablenken.

Themen: Konzentration, Frustrationstoleranz herausfinden, Ruhe bewahren, Ziel verfolgen trotz Schwierigkeiten und Stress, sich klar ausdrücken, Kommunikationsmuster, Erklärungsfähigkeit

10. Sturm auf die Burg

Teilnehmerzahl: ab sechs

Material: kleine Süßigkeiten, am besten verpackte Mini-Gummibärchen

Ablauf: Ein Freiwilliger spielt den Ritter, der an den Schatz, die Süßigkeit, will. Die anderen Teilnehmer bilden die Burgmauer um den Schatz herum, der in ihrer Mitte liegt, indem sie einen dichten Kreis bilden, am besten untergehakt. Den Schatz dürfen sie nicht berühren und nicht zudecken, sie dürfen nur versuchen, den Ritter vom Schatz fernzuhalten. Auf Kommando muss der Ritter versuchen, den Schatz zu holen. Er darf keine Hilfsmittel benutzen, darf nicht kratzen, beißen, schlagen, darf aber seine Körperkraft einsetzen.

Es ist wichtig, dem Ritter zu sagen, dass er zum Leiter kommen darf, wenn er keine Lust mehr hat, keinen Weg findet oder nicht mehr weiterweiß.

Themen: Strategie entwickeln und verfolgen, Durchhalten, Ausdauer

Gefahren: Genaues Beobachten ist sehr wichtig, denn die „Burg" versucht häufig, den Schatz heimlich mit dem Fuß wegzuschuben. Man sollte auch darauf achten, dass die Burg im Eifer des Gefechts nicht auf die Hand des Ritters tritt. Burg und Ritter müssen genau instruiert werden, dass rohe Gewalt trotz des erlaubten und erwünschten körperlichen Einsatzes nicht zugelassen ist.

11. Bis drei zählen

Teilnehmerzahl: mindestens zwei, gerade Teilnehmerzahl
Material: keines
Ablauf: Man steht sich paarweise gegenüber; probeweise zählen beide Teilnehmer abwechselnd bis drei, immer wieder bei eins beginnend, bis der Leiter Stopp sagt. Es geht darum, nach und nach die Zahlen durch Gesten zu ersetzen, die sich die Paare selbst einfallen lassen. Also erst die Eins durch eine Geste ersetzen, dies ein paarmal üben, während Zwei und Drei noch normal genannt werden. Dann wird die Zwei durch eine Geste ersetzt usw., bis nur noch die Gesten gemacht werden. Dann dürfen es die Paare jeweils vor der Gruppe vormachen.
Themen: Impulsumsetzung unter Stress (Zusammenarbeit rechte/ linke Gehirnhälfte), Spaß, Koordination, Erinnerung

12. Visualisierung

Teilnehmerzahl: theoretisch möglich ab zwei Personen, wird aber für die Teilnehmer einfacher, wenn es mehr sind
Material: im Vorfeld gesammelte Fragen
Ablauf: Die Teilnehmer sitzen im Kreis. Der Leiter stellt Fragen, die immer folgendermaßen beginnen: „Bitte gehe schweigend zur Mitte, wenn ..." Der Leiter erklärt den Teilnehmern, dass sie, wenn sie eine Frage für sich im Stillen mit Ja beantworten,

schweigend zur Mitte des Kreises gehen müssen. Wenn man die Frage für sich mit Nein beantwortet oder nichts dazu sagen will oder sich nicht sicher ist, bleibt man sitzen.

Wenn den Leiter etwas näher interessiert, fragt er die Teilnehmer. Diese haben wie immer das Recht, Stopp zu sagen und nicht zu antworten, wenn sie das nicht möchten. Der Leiter fordert die Teilnehmer auf, sich zu setzen. Dann kommt die nächste Frage. Wichtig ist es, zu Beginn mit einfachen Dingen zu beginnen, z.B.:

Bitte gehe schweigend zur Mitte, wenn du in Deutschland geboren bist.

Bitte gehe schweigend zur Mitte, wenn du heute Morgen gefrühstückt hast.

Bitte gehe schweigend zur Mitte, wenn du Geschwister hast.

Bitte gehe schweigend zur Mitte, wenn du schon mal heimlich geraucht hast.

usw.

Variante: Die Teilnehmer dürfen selbst Fragen stellen.

Themen: Informationen zu allen möglichen Themen, Einstieg in Problemstellungen, Gruppenkonflikte, nähere Informationen über die Teilnehmer erhalten, ohne dass diese das Gefühl haben, ausgefragt zu werden

Schlussbemerkung

Menschen können einfühlsam und hilfsbereit sein – und doch auch die schrecklichsten Grausamkeiten begehen. Bei Tieren, die in der Natur mit oft recht wirkungsvoller Bewaffnung ausgestattet sind, gibt es dagegen durch den Instinkt festgelegte Regeln für den Einsatz von Gewalt, die auch dessen Grenzen festlegen.

Die Schöpfung hat dem Menschen keinen Instinkt gegeben, der ihn zu einem bestimmten Verhalten zwingt. Sozialisations- und Lernprozesse müssen diese Aufgabe übernehmen. So gehört zum Schöpfungsauftrag „Macht euch die Erde untertan" (1. Mose/Genesis 1,28) wohl nicht nur die Verantwortung für Tiere und Pflanzen, sondern auch die Aufgabe, die eigenen Impulse unter Kontrolle zu bringen.

Ich bin davon überzeugt, dass der Mensch von Gott liebes- und beziehungsfähig geschaffen worden ist. Doch so, wie es ohne Dunkel kein Licht gibt, gibt es keine „Liebe aus Instinkt", also ohne die Möglichkeit zum Hass.

Ich wünsche allen Leserinnen und Lesern und ihren Kindern, dass sie im Verzicht auf Gewalt nicht nur „anständigere Menschen" werden, sondern das Potenzial entdecken und entwickeln, das der Schöpfer ihnen geschenkt hat.

Quellen

1 „Unsoziale Jungs werden oft belohnt": Philip C. Rodkin u.a., Journal of Developmental Psychology (Vol. 36, No. 1)

2 Christiane Simsa und Wilfried Schubarth (Hrsg.): „Konfliktmanagement an Schulen – Möglichkeiten und Grenzen der Schulmediation", Frankfurt: Institut für Internationale Pädagogische Forschung

Ulrich Giesekus

Halt mich fest und lass mich los –

Kinder zwischen 12 und 16

Wie Sie Teenager begleiten können

Taschenbuch, 112 Seiten, Bestell-Nr. 220.656

»Teenager zu haben ist die letzte Chance im Leben, noch einmal die ungeschminkte Wahrheit über sich selbst zu hören«. Nicht alle Eltern sind von dieser Chance beglückt. Dabei kann das Leben mit Kindern zwischen 12 und 16 nicht nur aufregend und anstrengend, sondern voller Entdeckungen und gute Erfahrungen sein.

Wie Sie Ihren Teenager begleiten und dabei selbst weiterkommen können, zeigt dieses Buch.

SCM R.Brockhaus

Ulrich Giesekus

Glaub dich nicht krank

Befreites Christsein leben

Taschenbuch, 12 x 19 cm, 128 Seiten Bestell-Nr. 220.618

Der Glaube hat einen Einfluss auf die körperliche und die psychische Gesundheit. Aber welchen? Ist er immer positiv?

Manche Christen behandeln ihren Körper wie einen störenden Gegenstand. Andere vernachlässigen ihre Psyche. Und wieder andere pflegen ihre Beziehung zu Gott so gut wie gar nicht, rotieren aber in zahlreichen frommen Aktivitäten. Und manche vernachlässigen gleich alle drei Aspekte. Ergebnis: Der Glaube wird fad, die Seele müde, der Körper krank! Christen sind zum Gegenteil berufen: zum verantwortlichen Umgang mit ihrem Körper, ihrer Seele, ihrem Gebetsleben.

Wie ein Glaube aussieht, der den Menschen zu einer ganzheitlichen Entfaltung führt, zeigt der Autor praktisch, lebensnah und mit einer Prise Humor.

SCM R.Brockhaus